옆자리 사람인데요,
고민이 있어요

글_썽, 나리, 박현경, 오영주, 원인, 위기은
전지적 아아, 진선이, 차혜선, 최은수, 한부용

내 이야기 들어줄래요?

작가 소개

글_썽

무릎을 꿇고 몸을 낮춰 시선을 맞추며 귀를 열고 고개를 끄덕이며 살아가는 사람이고 싶어요.

 나리

오늘도 긴 하루를 보냈을 누군가에게 건네는 나의 위로가 짐이 아닌 힘이 될 수 있기를 진심으로 바랍니다.

 박현경

인생 중반부를 지나고 있는 평범한 시민. 독서와 운동으로 세상살이의 고단함과 지난함을 이겨내고 끊임없이 성장하고 싶습니다.

 오영주

하고 싶은 것도 많지만 하고 싶지 않은 것도 많아 생각도 고민도 많은 하루들을 보내요. 내향적이고 눈물이 많아 표현이 서툴러서 글을 쓰는, 아직도 성장하고 있는 사람이에요.

🧑 원인   남들이 다 겪은 20대가 되어버린 후로, 어떻게 살아가야 할지 고민하고 있습니다. 치열하게 살아있는 법을 찾습니다.

👧 위기은   '아무거나'와 '그대 하고 싶은 대로'를 연발하는 사람이에요. 하고 싶은 것, 먹고 싶은 것, 가고 싶은 곳 많은데 막상 하자고 하면 떠올리지 못해 외칩니다.

🧑‍🦱 전지적 아아   타인에게 예민한 ISTP. 서로의 선을 지키면서 살지만, 그 선 근처에서 바라만 보고 있습니다. 손이 필요하다면 언제든지 빌려 드려요.

👧 진선이   겉으로 보기에 외향적으로 보이지만, 혼자 있는 고독 시간을 즐기는 자입니다.

 차혜선   삶은 누구나 만만치 않지만, 그럼에도 연민과 연대의 마음을 붙드는 글을 쓰겠다고 다짐해 봅니다.

 최은수   ~ 흐르는 대로 살자 술술은수 ~

 한부용   행복한 삶을 살고 있지만, 더 행복한 삶을 살려고 발버둥 치는 사람입니다.

| 옆자리 사람인데요, 고민이 있어요
| 여는 글

〈고민 상담소〉를 열고, 말하지 못한 고민이 있다면 보내달라고 했습니다. 그랬더니 여러 고민이 도착했어요. 우리는 매일 하나씩 고민을 펼쳤습니다. 펼친 고민은 나와 같은 고민과 다른 고민, 이야기해 보고 싶은 고민과 다독여주고 싶은 고민이 섞여 있었지요. 하나씩 답변을 적었고, 그 이야기들을 모아 한 권의 책으로 엮었습니다.

고민 없이 사는 삶이 있을까요.

머릿속을 어지럽히는 물음표들을 머릿속에 감춰 놓으면 달라지는 것은 없습니다. 펼쳐 놓으면 물음표였던 고민이 어느새 쭉 펴져 느낌표가 될 것입니다. 쓰디쓴 고민도 나누다 보면 달콤한 위로가 된다는 것. 정답은 없어도 같이 말하다 보면 나아지는 것. 고민을 읽고 답변하며 매일 느꼈습니다.

〈고민 상담소〉의 고민은 익명으로 받았습니다. '익명'의 고민이기에 답변을 적었던 우리 중 누군가의 고민일 수도 있습니다. 서로 물어보지 않았습니다. 누구의 고민인지 중요하지 않았습니다. 그저 우리의 생각을 적었지요. 그런데 적힌 글들을 읽다 보면 어쩐지 마음속 어딘가가 해소되는 기분입니다. 나와 비슷한 고민에 내 생각과 비슷한 답변이 있을 때, 친구와 대화하듯 편안한 기분입니다. 평범한 사람들의 사소한 수다일 뿐이고, 명확한 해결책은 없는데도 왜 그럴까요?

글로 들려주는 고민 상담소, 지금 바로 시작합니다. 직접 느껴 보세요!

글_쎙, 나리, 박현경, 오영주, 원인, 위기은
전지적 아아, 진선이, 차혜선, 최은수, 한부용

※ 어느 날 익명의 고민이 도착했습니다. 고민을 간단하게 표현할 수 없어 목차를 넣지 못했습니다. 순서대로, 때론 불특정하게 페이지를 넘기며 읽기 바랍니다.

※ 우리는 누군가의 고민에 조언하거나 타박하지 않았습니다. 읽는 분들도 고민과 답변에 그저 공감하고 위로 받길 바랍니다. 우리의 고민과 답변이지만, 어쩌면 모두의 고민과 답변이기에, 자신의 이야기라고 생각하며 책을 펼쳐 주세요!

옆자리 사람인데요,
고민이 있어요.

"

꿈이 있나요? 나는 꿈이 없어요. 스무 살 때부터 30대가 된 지금까지 꿈이 무엇이냐 물어보는 사람에게 답하지 못해 창피해요. 하루하루 현실을 살아가느라 꿈을 생각하지 못했고, 꿈이 있어야 한다는 생각도 하지 않았어요. 30대가 되어서 꿈을 물어보는 사람을 만날 줄이야. 상상도 못 했어요. 가끔 '꿈'이라는 게 무엇인지도 모르겠어요. 꿈이 없다는 내게 어떻게 살 것인지 자꾸 물어보는데 답을 해야 한다는 압박감이 너무 힘들어요. 꿈이 무엇인지, 어떻게 살 것인지 물어보는 사람에게 어떻게 답을 해야 좋을까요?

#꿈 #현실

 박현경

 우리는 보통 어린 시절 '장래 희망'이라는 단어로 '꿈'에 대한 질문을 받습니다. 꿈과 희망이라. 뭔가 손에 잡히지 않는 구름을 잡으라는 말처럼 들립니다. 어린이의 앞에는 무한한 가능성이 펼쳐져 있으니 그런 질문을 하나 봐요. 성인이 된 후에 받는 '꿈이 무엇인가'라는 질문은 결이 다르죠. 목표가 있느냐, 목표가 무엇이냐, 목표가 있어야 한다, 목표에 매진해라, 이런 얘기들을 압축한 듯합니다. 하지만 목표와 꿈이 같을까요? 목표가 없으면 삶이 불행해질까요? 꼭 뭔가 되어야만 할까요? 세상은 우리에게 원대하고 구체적인 목표를 가지라고 압박하지만 매일의 일상을 탄탄하고 성실하게 사는 것도 중요합니다. 목표가 분명한 삶만이 살아갈 가치가 있는 건 아니잖아요. 지구의 생명들 중에 인간만이 왜 태어났으며, 목표가 무엇인지를 따집니다. 물론 인간만이 높은 수준의 지능을 가졌기 때문이지만 생명을 이어가는 모든 살아있는 것들은 소중합니다. 하루하루 주어진 시간을 성실하게 꾸려가는 것이 먼저라고 생각합니다. 나의 생활을 성실한 자세로 꾸려가다 보면 사람들이 말하는 목표도 자연

스럽게 생길 것이고 설사 목표가 생기지 않아도 삶이 더 풍부해질 거로 생각합니다. '매일 행복한 일상'이라는 '꿈'을 꾸면 어떤가요?

 오영주

어렸을 때부터 바로 얼마 전까지도 "넌 꿈이 뭐야?", "꿈은 꼭 있어야 해!"라는 말을 듣고 자랐어요. 그래서 사실 어른이 되고 보니 이런 질문들이 너무 고지식한 질문이 아닐까라는 생각을 하곤 해요. 어릴 때도 지금도 나의 꿈에 관해 이야기하는 걸 잘 못했어요. 지금의 나 자신도 잘 모르는데 꿈을 꾸고 그걸 타인에게 말하라니요. 그래서 나는 타인에게 꿈을 묻는 건 조심스럽게, 궁금하다면 꿈이 아닌 지금 원하는 게 있는지 구체적으로 질문해야겠다 다짐했어요. 나도 지금 어른이 되었지만 꿈을 이루지도, 새로운 꿈을 갖고 있진 않아요. 하지만 꼭 큰 꿈이 아니어도 순간순간의 작은 꿈들이 모여 살아갈 수 있게 해주듯이, 지금 바라는 것에 초점을 맞춰보는 건 어떨까 싶어요. 가령 최근의 내 꿈은 이랬어요. '요즘 맛있는 빵이 너무 많아. 맛있는 빵을 더 많이 먹어

보고 싶어.'로 시작하여, '내가 만들어보면 어떨까. 빵 만드는 법을 배우고 싶어.'라는 꿈을 갖게 됐어요. 아직 실행으로 옮기진 않았지만 그렇게 말하고 있어요.

 나리

 꿈이 있는 사람이 특별해 보이는 이유는 꿈을 실현하기 위해 스스로 수많은 시련과 고난을 극복해 왔고, 그 결과 꿈을 이뤘을 때 세상에서 가장 행복해 보이기 때문이 아닐까요. 중요한 건 꿈이 아니라 행복이라고 생각해요. 그리고 행복은 꿈꾸지 않아도 돼요. 거창한 꿈은 없어도 하루하루를 살아갈 동력이 있고, 희망을 말하지 않아도 내면의 평화를 얻을 수 있다면 그 삶 역시 꿈꾸지 않아도 행복한 삶이 아닐까요. 어떻게 살 것인지 주변에서 계속 물어본다면 그들이 보기에 내가 행복해 보이지 않거나 반대로 그들 자신이 행복하지 않은 상태일 수 있습니다. 어떤 형태이든 내 삶을 주체적으로 살아 나간다면 주변에서도 더 이상 염려를 가장한 참견을 하지 않을 거예요. 결국 내 삶을 살아가는 사람은 나 자신

이니까요. 그들이 꿈을 물어보기 전에 행동으로 먼저 보여주세요. 꿈을 가진 이보다 더 반짝반짝 빛이 나게.

 전지적 아아

신해철 씨가 "우리는 이 세상에 태어나는 것이 인생의 목표였고, 지금은 보너스를 살고 있다."라고 말한 적이 있어요. 그러면서 '이 보너스 같은 인생에 만약 신이 있다면 우리가 행복하기를 바랄 것이라고, 그래서 우리가 사는 보너스 스테이지의 목표는 그저 행복하게 사는 것'이라고 말을 했지요. 우리가 꼭 꿈이 있어야 할까요. 인생을 살아갈 때 꼭 목표를 가지고 살아야 할까요. 굳이 가지자면 행복이 목표가 되지 않을까요.

꿈이 없어도 괜찮으니까 그냥 꿈을 물어보면 웃어줘요. 꿈을 묻는 사람들은 나에게 크게 관심 없는 사람일지 몰라요. 명절 때 오랜만에 만난 먼 친척처럼요. 말은 걸고 싶은데 하실 말씀이 없으니, 장래 희망이나 공부 잘하는지를 묻는 그런 친척들 말이에요. 나한테 관심 있는 사람이면 내가 압박감을 느낄 만한 질문을 하지 않을 것입니다. 좋아하거나 잘하는 일을 함께 찾아보거나, 도움이 될 만한 조언을 했을 것이라고 생각해요. 내 인생에 크게 중요하지 않은 사람이니 그런 질문은 패스해 버려요.

　나는 언제나 감정이 요동칠 때 참기만 했었어요. 특히 슬프거나 화날 때는 그저 마음속에 꾹꾹 눌러 담았어요. 하지만 최근에 감정을 참기만 하니까 결국 쌓여서 폭발하게 되더라고요. 누군가는 스트레스를 해소하기 위해서 운동을 하고, 우울하거나 화가 날 때 감정을 해소하기 위한 루틴이 있던데, 다시 생각해 보니 나는 내 마음을 챙기는 활동이 없는 것 같아요. 상처받은 마음을 챙기기 위해서는 어떤 활동 또는 생각을 가져야 할까요?

#감정 #상처

 진선이

 겉으로 난 상처는 보여서 남들이 아프냐고 물어보고 괜찮은지 안부 말을 건네기도 하죠. 그런데 마음에 난 상처는 보이지 않으니 상처 낸 사람이 알 리 없고, 꺼내 보여줄 수도 없으니 답답한 심정만 쌓이게 되더라고요. 나도 싫은 소리 못하는 사람 중 한 사람입니다. 감정 소모로 에너지 빼는 게 힘들고 부딪치는 것이 싫더라고요. 참고 넘어가는 부분이 많다 보니 어느 순간 감정이 쌓이게 되고요. 그때부터였던 것 같아요. 내 감정을 말해야겠다고 생각했죠. 내 감정 전달하기를 해보세요. 상대방 비난이 아닌 내 감정만 전달하는 겁니다. 나 OOO 때문에 서운했어, 슬펐어, 아팠어. 말하기 어려우면 간단한 메모로 전달한다든지, 카톡이나 문자메시지를 사용하는 것도 괜찮고요. 그마저도 힘들다면 나만 볼 수 있는 일기장을 만들어 감정을 토해내는 거예요. 나는 글을 쓰며 감정을 해소하고 있어요. 받아들이는 것은 상대방의 몫이라고 생각해요. 끙끙대며 아파하기보다 속 시원하게 표현하면 마음이 조금은 편해질 거예요.

 오영주

 나도 드러내기보단 참고 누르는 사람이에요. 한 번 더 참아보자고 마음을 다스리다가도 이러다 내가 터져 죽는 건 아닐까 하는 생각을 한 적도 있어요. 그럴 때 헤드셋을 켜고 오디오북을 들어요. 평상시 이어폰을 많이 사용하는데, 귀를 보호하려고 샀던 헤드셋이 나에겐 도움이 되었어요. 굳이 혼자 있지 않아도 헤드셋을 쓰고 있으면 주변이 고요해져서 마음을 차분하게 해주는 것 같았어요. 종이책이 편하지만 폭발 직전의 마음으로는 글자가 눈에 들어오지 않더라고요. 그래서 일단 가벼운 내용의 오디오북을 재생해 들었어요. 잘 안 들어오더라도 틀었죠. 근데 내 마음을 건드는 문장이 있었나 봐요. 그렇게 오디오북하고 친해지고 나니 감정 상태에 따라 다양한 장르를 오가며 듣고 마음을 다스리고 있어요. 예전에는 혼자서 아무것도 못 하고 제대로 쉬지도 못하며 끙끙 앓으며 시간을 보냈었는데, 지금은 오디오북을 들으며 내 마음을 챙기고, 책 내용에서 생각을 배우고 있어요. 조금 여유로울 때는 종이책을 읽고요. 꼭 루틴을 가질 필요는 없어요. 일단 창문을 열어 밖을 보는 것도 좋고요.

어떤 걸 좋아하는 사람인지, 내 주변에 어떤 게 있는지 마음이 괜찮은 상태에서 살펴봐요. 그리고 괜찮지 않을 때 다시 그걸 마주해보고 나아지는지 살펴보는 것도 방법 같아요. 나의 헤드셋과 오디오북처럼요.

 한부용

활동도 좋지만, 자신의 마음을 먼저 들여 봤으면 좋겠어요. 왜 참았는지, 계속 참을 것인지 말이에요. 다른 사람과의 좋은 관계를 유지하고 싶어서 참는 것인지, 다른 사람에게 보이는 자신의 모습은 그저 착한 사람이었으면 좋겠어서 참는 것인지 말이에요. 자신의 감정을 보여주는 것은 절대 나쁜 것이 아니라고 생각해요. 자신의 감정을 솔직하게 보여주고, 함께 맞춰나가야 더 좋은 관계를 유지할 수 있지 않을까요? 그러니 지금부터는 솔직해지려고 노력해 봤으면 좋겠어요. 그렇다고 화를 내라는 것은 아니에요. 좋은 감정을 더 좋게 표현하고, 안 좋은 감정은 "지금 네가 나한테 하는 이런 행동으로 내가 기분이 좋지 않아, 다음에는 나에게 이렇게 말하지 않고 저렇게 말

했으면 좋겠어."처럼 상황 설명과 요구하는 표현 방법을 명확하게 말해주면서 서로의 감정을 맞춰나갈 방법을 찾아가길 바라요.

 최은수

 내 스스로가 예민한 것을 알기 때문에, 타인의 행동과 언변으로 인해 상처를 입으면 우선 한 번 더 객관적으로 생각하는 습관이 생겼어요. 그래도 해소가 안 된다면 당시의 상황을 글로 써보았죠. 글을 쓰다 보면 좀 더 객관적으로 상황을 바라보게 되고, 그러다 보면 내가 과하게 받아들였다는 것이 깨달아지더라고요. 그래도 해소가 되지 않는다면 마그네슘을 먹고 잠을 깊게 잡니다. 나는 다행히도 숙면한 다음 날에 웬만하면 부정적인 감정들이 사라져요. 마지막으로, 자기 생각과 행동으로 감정이 사라지지 않는다면, 부정적인 감정을 유발한 사람에게 질문을 하곤 했어요. 어떤 의도로 그런 행동을 했는지 그리고 그 당시에 내가 가졌던 감정을 담백하게 전달했어요. 결국 착각인 경우가 많더라고요. 다행히도 상대방이 나의 예민함을 간접적으로 깨닫고 조금 더 배려해 주더라고요.

 원인

 우리가 평상시에 좋고 싫음을 구분할 줄 아는 것처럼, 마음의 신호와 다스리는 법도 어렴풋이 알고 있다고 생각해요. 하지만 내가 그랬던 것처럼, 자신을 챙기지 않는 시간이 늘어나다 보면 알고 있던 사실도 잊어버리게 되더라고요. 분명 떠올려보면 마음을 가라앉힐 수 있는 고요한 시간이 있었어요. 집중할 수 있고, 즐겁고, 편안했던 순간들 말이에요.
 내게 바라는 대로 마음을 이끌고 다스릴 수 있는 능력이 있다는 걸 믿어요. 예전에 사용했던 방법을 떠올려 다시 사용해도 좋고, 써보지 않던 방법을 새로 시도하는 것도 좋죠. 첫술에 배부를 수는 없고, 마음을 이끄는 것이 쉽지 않아 숱한 실망과 스트레스를 받을 수는 있지만, 결국 나에게 능력이 있음을 믿고, 나를 위한 작은 시간 투자가 지속될수록 그것을 뒷받침해 주는 것을 느껴요.
 결국 '나는 왜 그렇게 했을까.'로 귀결되는 것

같아요. 우리는 가끔 자신의 마음에 아직 알지 못하는 것이 있다는 사실에 너무 치중한 나머지, 몸이 이미 마음 가는 대로 움직였다는 사실을 잊는 것 같아요. 마음의 휴식이 몸의 휴식과 아주 크게는 다르지 않다고 생각합니다. 접근성 측면에서 명상을 추천해 드리고 싶어요. 명상에는 종류가 아주 많기 때문에, 명상의 종류에 대해 먼저 책을 읽고 맞는 방식으로 입문하는 것을 추천하고 싶습니다. 자신을 이끄는 해답의 원동력을 찾는 시간이길 바라요.

옆자리 사람인데요,
고민이 있어요

다니고 있는 회사에서 의지가 되던 사람들이 퇴사했습니다. 남아 있는 사람들은 내 미래의 모습이 저렇지 않기를 바라게 되는 그런 사람들입니다. 직장의 선택과 지속에 사람이 큰 부분을 차지하는 것 같습니다. 퇴사까지 고민해 보는데 연봉이 높아서 고민입니다. 부양가족도 있고 이직 또한 쉽지 않을 듯합니다. 하루의 대부분을 보내는 회사에서 마음 안 맞는 사람들과 하루 종일 얼굴을 맞대고 있자니 우울증에 걸릴 것만 같습니다. 새로운 길을 찾기에는 월급과 지금의 안정적인 삶이 발목을 잡습니다. 어떻게 해야 할까요?

#직장 #불안정

 차혜선

 사회생활이란 어두운 바다를 떠도는 조각배 같다고 생각했어요. 방향은 모르겠고 앞은 보이지 않으니까요. 한 해 전 퇴사를 했어요. 퇴사하는 그날까지도 언제 태풍이 올지 몰라 불안하기만 했죠. 심지어 이 망망한 바다에 나 혼자 있다는 느낌을 버릴 수 없던 생활을 꽤 오래 했어요. 그러다 좋은 사람이 한 둘씩 생기고 의미를 부여하는 일이 조금씩 생기며 버티기 시작했던 것 같아요. 캄캄한 밤이라 보이지 않았을 뿐 같은 마음으로 불안해하던 조각배들이 내 앞뒤에도 있었던 거죠. 보이지 않던 것들이 보이던 순간이 어느 날 시작되었어요. 그리고 문득 깨달았어요. 때로는 내가 먼저 내미는 따뜻한 시선이 나를 구원하기도, 서로를 구원하기도 한다는 것을.

 진선이

 가족을 부양해야 하는 상황에서 회사를 그만두기란 쉽지 않죠. 마음과 다르게 어떤 일을 해내기란 정말 쉽지 않은 것 같아요. 혼자여도 어려

운데 가족이 있으면 한 번 더 참고 생각하게 되죠. 인간관계에서 마음 맞는 사람 만나는 건 쉬운 게 아니더라고요. 회사는 각기 다른 사람들이 모여 일하는 공간이기에 나와 마음 맞는 사람 찾는 게 쉽지 않을 거예요. 일하는데 크게 무리 되지 않고, 견디고 버텨야 하는 상황이라면 퇴사는 뒤로 미루라고 말하고 싶네요. 대신 퇴근 후 자신에게 보상하면 어떨까요. 하루 동안 쌓인 피로를 본인이 좋아하는 일로 해소하는 거죠. 아니면 평소 해 보고 싶은 것을 배워보거나 색다른 경험을 해 보는 거예요. 회사나 집이 아닌 다른 공간에서 나를 만나보는 거죠. 경제적으로 가족을 위한 부양도 좋지만, 본인을 위해 돈을 쓰고 시간을 쓰며 수고한 나를 위로하는 시간을 갖는 거예요. 내 안에 만족과 행복이 가득하면 그 마음이 가족의 사랑으로 이어지지 않을까요.

 전지적 아아

우리는 어디든 사람이 모이는 곳에는 일정 비율로 누구나 인정하는 이상한 사람이 있다는 것을 경험적으로 알고 있어요. 내 미래가 저렇지 않기

를 바라는 사람들이 직장에 많이 남았다는 것은, 이제 그 의지가 되던 사람들처럼, 다른 사람들에게 의지가 되고 좋은 사람이 되었다는 말이겠군요. 좋은 사람이기 때문에 내가 속한 조직이 망가지는 것은 싫어서, 그리고 내가 좋은 사람, 의지가 되는 사람이 될 수 있는지 고민하기 때문에 퇴사나 이직을 생각하는 것 같아요.

 나는 새로운 길을 찾는 용기, '나'를 위한 결심만큼 중요한 것이 현실적인 부분이라고 생각해요. 직장에서 보는 사람들 때문에 내 주변의 소중한 사람을 힘들게 하는 것은 좋지 않은 선택일 수 있을 것 같아요. 자리를 떨치고 일어나는 것도 용기지만, 가족과 함께 누리는 안정적인 삶을 위해 참고 그 자리를 지키는 것도 용기 있고, 위대하다고 생각합니다. 또, 그렇게 사는 사람들도 많더라고요. 그리고 조직 안에서도 결국 소수라도 인정해 주는 사람이 생기고, 마음을 붙일 곳이 생기기도 하더라고요.

 글_썽

너무나 마음을 힘들게 하는 사람이 있어서 모

임 탈퇴를 고민했던 적이 있어요. 좋은 분들에게 심리적으로 의지를 하면서 이어가던 모임이라서 무척 마음이 아팠어요. 누군가가 나쁜 것을 버리기 위해서 좋은 것마저 버리는 것이 옳은 일인지 생각해 보라더군요. 양손에 좋은 것을 둘 다 쥐고 산다면 새로운 행복이 왔을 때 잡을 수가 없을 거라면서요. 돈과 삶, 일과 인간관계 어느 것 하나 소홀할 수 없는 부분이에요. 그럼에도 불구하고 지금의 상황을, 다시 뛰기 위해 새로운 역량을 키우는 시간이라고 여기면 어떨까요? 선한 영향력을 끼치는 사람이 되는 기회와 어려운 인간관계라는 문제를 헤쳐 나가는 자신을 만나는 기회라고 말이죠. 남들은 버리는 진흙이라 치부해도 어쩌면 작아도 자신만의 그릇을 하나 빚을 수 있을지도 모릅니다.

 최은수

기업 그리고 회사원의 근본적인 목적은 무엇일까요? 기업은 이윤 창출을 위해 존재하는 곳입니다. 그리고 회사원은 기업의 이윤 창출을 도모하고 그에 상응하는 임금을 받는 것이 역할이자 목

표이지요. 개인의 취향에 따라 부가적인 가치를 원하고 추구할 수 있다고 생각합니다. 좋은 직장 동료와 문화는 회사의 복지니까요. 하지만, 회사는 근본적으로 돈 버는 곳입니다. 안타깝게도 이직한다고 해서, 꼭 상응하는 보수와 함께 나와 맞는 동료를 만나기는 정말 쉽지 않더라고요. 다행히도 보수를 괜찮게 받고 있으니 취미를 찾아보는 것을 추천해 드립니다. 나아가서 같은 취미를 즐기는 직장 동료와 친해지면 더욱더 좋을 것 같다는 생각이 듭니다.

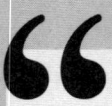

잠이 드는 시간과 관계없이 항상 새벽에 잠이 깹니다. 한번 깨어나면 다시 자려 해도 쉽게 잠이 오지 않아요. 내일 회사에 가서 해야 할 일들과 예전에 내가 한 행동들에 대한 후회로 머릿속이 더욱 복잡해집니다. 이런 날들이 반복되니 이제는 애써 잠들기 위해 노력하지 않게 돼요. 모두가 잠든 새벽, 아침까지 무엇을 하며 시간을 보내야 할까요?

#잠 #새벽

 나리

  모두가 잠든 새벽. 하루 중 가장 소란스럽지 않는 시간. 예고 없이 잠에서 깨어나면 이런저런 잡다한 생각이 떠올라 다시 잠들기 쉽지 않죠. 잠드는 건 자연스러운 일 같은데 왜 유독 잠에서 깨는 건 강제로 당하는 것처럼 느껴질까요? 발상의 전환을 해봅니다. 아침이 오면 또 여느 때와 같은 하루 일과가 시작되지만 왠지 새벽은 그 일과에 포함되지 않는 뜻밖의 선물 같은 느낌이에요. 새벽은 타인이 내 일상으로 들어오지 않고 오로지 나 자신만을 생각할 수 있는 소중한 시간입니다. 내 안으로 깊게 들어가 보세요. 아무 일도 하지 않고 멍하니 있어도 좋고 듣고 싶은 노래를 들어도 좋고 명상을 해도 좋습니다. 그 순간 떠오르는 것에 나를 맡기세요. 새벽이 주는 조용한 자유를 마음껏 누리기를 바랍니다.

 원인

  독서 어떤가요? 걱정 때문에 잠 오지 않는 밤을 보내는 건 다들 똑같은 것 같습니다. 차라리 적

막한 시간을 보낼 용도의 책을 따로 준비하고, 잠이 깨면 '그 책을 이어서 읽을 시간이네.'라고 바꿔 생각해 보세요! 그 도서는 잠에서 깰 때가 아니면 이어서 읽지 않되, 책을 선정할 때는 깊은 고민과 생각이 필요하지 않은 종류의 책, 평소 염두에는 뒀지만 미뤄두었던 관심사의 도서 등으로 구성해 보세요. 특별한 시간이 될 거예요.

 박현경

  행동의 이유와 결과가 늘 나의 계획과 생각과 같다면 어떨까 싶어요. 좋을 것 같기도 하고 너무 심심할 것 같기도 합니다. 미래에 대한 걱정과 과거에 대한 후회가 현재에 큰 도움이 되지 않는다는 것을 알면서도 우리는 늘 놓지 못합니다. 새벽 시간은 대부분 나만의 시간이므로 그런 생각들에서 벗어나기가 더 힘들 수 있어요. 하루 중 온전한 나만의 시간은 아주 적고 그만큼 소중합니다. 새벽 시간을 걱정이나 후회로 물들이지 않고 온전히 누리려면 자신만의 루틴을 만드는 것을 추천합니다. 게으르고 습관의 노예인 인간이 뭔가를 이룰 수 있는 것은 반복의 힘 덕분인 듯합니다. 독서나 필사는 가장 쉽게 시작할 수 있는 나만의 시간 활용법. 독서가 생소하다면 마음에 드는 재밌는 소설부터 시작하는 것도 좋습니다. 종교가 있다면 경전 필사도 좋은 루틴입니다. 새벽 명상은 이미 너무 많은 사람들이 성공의 요소로 꼽습니다. 어떻게 해도 이런저런 생각들에서 벗어나기 힘들다면 아침일기를 써보면 어떨까요? 근심과 혼란은 글로 적는 순간 어느 정도 정리됩니다. 몸을 움직이기 좋아한다면 새벽 운동은 정말 좋은 선택이 될 수 있죠. 생각도 정리하고 몸도 건강해지고 일거양득. 많은 선택지와 장점에도 새로운 습관을 들이는 것은 늘 어려워요. 작게 작게 시작해 봅니다. 같이 할 친구를 만들거나 공개적인 SNS 인증도 습관을 지속할 수 있는 좋은 방법입니다.

 위기은

 일찍 잠에서 깬 날, 휴대전화를 안 보고 다른 무언가를 하고 싶은 마음이 드는데 무얼 해야 할지 모르겠는 날이 있어요. 이런 날이면 평소에 하지 않았던 '멍때리기'를 해요. 그러나 여러 가지 생

각으로 정신이 복잡하면 하루의 계획을 머릿속에 그려봐요. 완벽한 하루 계획을 그리지 않더라도, 운이 좋게 하루 시작을 무엇으로 하면 좋을지 생각이 나거든요. 예를 들면 물 한 잔 마시고, 날씨를 확인하기 위해 창문을 여는 내 모습이 그려져요. 그러다 계속 누워있고 싶다면 양쪽 엄지발가락으로 박수치는 '발끝치기'를 해요. 잠시 건강을 위한 시간을 보내게 되어 좋더라고요.

내 이야기 들어줄래요?

내 이야기
들어줄래요?

 가끔 내가 싫어질 때가 있어요. 왜 그렇게 행동했을까. 그렇게 행동할 수밖에 없었을까. 내 마음을 돌봐야 하는 상황에서도 왜 쓸데없는 책임감으로 다른 이들을 먼저 생각하는 걸까요. 그러면서도 속으로는 부대껴서 다른 사람의 말과 행동에 상처받고 예민해집니다. 어떻게 해야 원하지 않는 상황에서 타인에게 상처받지 않고 나의 자존감을 지킬 수 있을까요?

#책임감 #자존감

 오영주

  모두가 드러내진 않지만 사실 많은 사람들이 겪는 상황이고 감정 같아요. 누구나 챙김 받고 사랑받고 싶은 욕구가 있는데, 그걸 채워주며 행복감을 얻기도 하죠. 처음엔 감사하고 기쁜 마음을 느끼는데, 어느 순간 당연하게 받아들여지는 것 같아 아쉬움이 생기기도 해요.

  책임감에, 배려심에 자신보다 상대가 먼저인 성격을 가진 사람도 있죠. 그런 경우엔 좀 더 상처로 다가오는 것 같아요. 나도 많이 겪어요. 나 혼자서만 좋아했던 건지, 호구가 된 건지, 싫다는 말도 못 하고 계속 머릿속으로 생각하면서도 나도 모르게 흘러나오는 행동들로 내가 싫어지기도 해요. 생각은 할수록 그 상처를 더 크게 만들기도 한대요. 그래서 나는 생각하지 않기로 했어요. 다른 이를 생각하는 건 내 만족이고, 그 결과는 '그럴 수도 있지' 하며 신경 끄려고 해요.

 위기은

다른 이들보다 민감해서 그들의 변화를 알아차

려 주느라 애쓰고 있어서 그래요.

나는 한때 예민하다는 말을 들었어요. 예민하다는 말은 깍쟁이처럼 느껴져 기분이 좋지 않았어요. 사람들은 보통 '민감하다'를 '예민하다'로 표현한다고 해요. '민감'해서 남들보다 주변의 변화를 빨리 알아차려서 그만큼 자극을 많이 받는대요. '민감'과 '예민'은 구별해야 하는데, 남들보다 민감해서 얼마나 힘들었겠나 싶어서 안쓰러운 나 자신을 토닥여주고 싶었어요. 심리학책, 일자샌드의 『센서티브』를 읽어보면 좋겠어요. 이 책을 읽으면서 '민감한 나'에 대해 공감하게 됐거든요. 우리가 이런 사람이라는 것을 알아주는 것만으로도 마음이 한결 가벼워질 거예요.

 전지적 아아

자존감은 객관적인 근거와 상관없이 자신이 스스로를 어떻게 보느냐에 따라 달렸다는 이야기가 있어요. '나'는 내가 존중해야 해요. 타인은 '나'를 오롯이 존중해 주기 힘들어요. 자기 삶도 살아가기 버거우니까요. 그래서 가끔 내 마음을 예민하게 만드는 말을 던질 수도 있어요.

우리는 어릴 때 책임감 가지고 다른 사람을 먼저 생각하는 마음이 착하고 좋은 마음이라고 배우잖아요. 다른 사람을 위해 자신을 희생하며 무언가를 해 줄 수 있는 것은 멋진 일이라 생각해요. 멋지다는 것은 그만큼 다른 사람을 먼저 생각하는 것이 힘들다는 말이겠지요. 나도 다른 사람 말에 휘둘릴 때가 많았어요. 그럴 때 두 가지 말을 되뇌어 봅니다. "사람 쉽게 바뀌지 않는다.", "그렇게 말할 수도 있지." 쉽게 바뀌지 않는 것을 바꾸려고 노력하기보다 더 좋은 방향으로 보기 위해 노력합니다. 상대가 나에 대해 말할 수 있지만 그 입과 생각을 마음대로 막거나 바꿀 수도 없잖아요. 그것은 내가 어떻게 할 영역이 아니라고 생각합니다. 그런 의미로 위 두 문장을 해리포터가 되어 마법의 지팡이를 휘두르며 외쳐요.

 나리

 가끔 내가 견딜 수 없을 만큼 싫어질 때가 있습니다. 이런 생각이 나를 갉아먹는 쓸데없는 생각이라는 것을 알면서도 멈출 수 없죠. 누구나 그

런 경험이 있을 거예요. 먼 곳에서 바라볼 때에는 항상 빛나고 완벽해 보이는 사람도 나와 같이 연약하고 무너지기 쉬운 나약한 자아를 마음속에 안고 살아갑니다. 그거 아세요? 자존감도 훈련을 통해서 높일 수 있어요. 사실 처음부터 자존감이 높은 사람은 없어요. 남들처럼 끊임없이 상처를 받지만 그 순간에 무너지지 않고 앞으로 나아가기를 반복했을 거예요. 상처는 흔적을 남기지만 오히려 잘된 일이에요. 내가 어떤 상황에 상처를 받는지 확실히 알게 됐으니까요. 오직 나 자신만이 스스로를 구원할 수 있다는 걸 잊지 마세요. 상처를 받아 주저앉은 나를 일으켜 꾸준히 걸어 나가세요. 그러다 보면 어느 순간 단단해진 자아를 발견할 거예요. 이러한 과정을 거쳐 성장한 당신이 뿜어내는 빛과 기운은 그간의 고민이 무색할 만큼 자존감이 강한 사람의 모습 그 자체입니다.

 진선이

 자기중심이 어쩌면 나쁘게 들릴 수 있지만, 나를 챙겨야 하는 경우라면 꽤 괜찮은 단어라고 생

각해요. 타인에게 미치는 영향이 피해 보상을 해야 할 정도가 아니라면요. 배려가 배려로 끝나지 않으려면 나를 챙기는 것이 필요해요. 배려가 상처가 되어 돌아오면 치유하는 데 시간이 오래 걸리더라고요. 언제나 내 행동이 옳은 것은 아니에요. 상처를 받을 때도 있지만 분명 상처를 주는 경우도 있으니까요. 무엇 때문에 상처가 났는지. 나 때문인지, 상대방 때문인지 살펴보고 상대방과 내가 다를 수 있음을 인정하고 수용해요. 상대방 입장이 되어 그럴 수 있다고 인정한 후 책망 대신 나를 먼저 챙겨 위로해요. 다른 사람이 아무리 상처 난 곳에 약을 발라줘도 스스로 치유하지 않으면 상처가 낫지 않기에 내 상처를 보듬어 안아요. 그리고 상처가 아무는 동안 마음의 빗장을 살짝 닫아 두어요.

30대 중반 아이 아빠입니다. 어릴 적에는 20살 성인만 되면 다 같은 어른이라고 생각했어요. 근데 아이 아빠가 된 지금, 가끔 "내가 어른인가?"라는 생각이 들 때가 있어요. 아들에게 멋있고 본받을 만한 아빠, 그리고 어른으로의 모습을 보여주고 싶은데, 어떻게 해야 할까요? 다른 분들은 어릴 때 생각한 어른의 모습은 어떤 것이고, 지금 어른처럼 살고 있나요?

#아이 #어른

 차혜선

 어른인 줄 알았던, 아직은 아이였던 고등학생 이야기에요. 막 고등학생이 된 혜선은 자신만의 세상을 보는 시선을 가지게 되었어요. 알아도 적절히 모르는 척할 수 있는 생활 연기가 가능해졌죠. 어른보다 더 어른이 되었다고 생각했어요. 혜선이 아직 자신이 아이라고 생각될 때는 고작 친구와 한솥도시락에서 970원 콩나물비빔밥을 사는 순간이었어요. 혜선은 어른이 되어 돈이 생기면 2,500원 하는 도련님 도시락을 사리라 결심했죠. 그래도 친구와 먹는 제일 싼 도시락은 너무도 맛있던 시절이었어요. 지금의 혜선은 나이만 보면 이미 오래전 어른이 되었지만, 사실 아이인 그때와 그 속은 다를 바 없어요. 다만 콩나물비빔밥만으로는 더 이상 행복하지 않게 되었죠. 콩나물비빔밥으로도 기뻐할 수 있고 도련님 도시락도 기대할 수 있는 마음이라면, 다른 것도 그렇게 살 수 있지 않을까 생각해 보는 하루입니다. 어른 같은 마음으로 살았던 아이가 예전이었다면, 이제는 반대로 조금은 아이 같은 모습으로 살아보려 합니다.

 진선이

몸은 어른이 되었지만, 지금 내가 어른답게 살고 있는지 잘 모르겠어요. 아이들이 생각하는 어른은 어떤 어른일까요. 용돈 많이 주는 사람, 먹고 싶은 것, 사고 싶은 것, 돈 고민 없이 척척 쓰고 사는 사람, 화장하고 뾰족구두 신고 멋지게 걷는 사람, 술 마실 수 있는 사람, 잔소리하는 사람, 아이들이 하지 못하는 걸 마음껏 하는 사람이 어른으로 보였어요. 생각이 깊어지면서 어른은 외형이 아니라는 걸 알게 되었죠. 내가 생각한 어른은 따뜻한 사람이에요. 그래서 그런 어른이 되고 싶었고요. 잘하지 못하고 실수투성이인 아이를 타박하기 전에 아이의 마음을 헤아려 주는 어른이 되고자 했어요. 어른이라고 다 잘하는 것이 아니고 어른도 실수할 수 있다고 인정할 줄 아는 어른이 되고 싶었고요. 나이가 어른을 만드는 건 아닌 것 같아요. 어린아이지만 아이에게도 분명 배울 것이 있거든요. 힘들 때 손 내밀어 손잡아 주고 따뜻하게 말을 건네는 어른, 등 떠미는 어른이 아니라 안고 등 두드려 주는 어른, 주저앉아 있을 때 기다렸다 함께 손잡고 걸어 줄 수 있는 사람이 어른이라 생각해요. 내 손길이 닿는 것에

온기를 주는 어른이 되기 위해 마음 온도를 높이고 있어요.

 한부용

  어릴 때는 하고 싶은 게 있다면 할 수 있고, 먹고 싶은 게 있다면 먹을 수 있고, 쉬고 싶다면 쉴 수 있는 것이 어른이라고 생각했어요. 이렇게 어른은 항상 자유롭다고 생각했지요. 근데 왜 그때는 몰랐을까요? 그 뒤에 숨어있던 책임감을 왜 몰랐을까요? 부모님의 무거운 어깨를 왜 보지 못했을까요? 여전히 다 큰 자식을 생각하며 하고 싶은 걸 참는 부모님의 모습을 보며, 부모가 된 이제야 그 마음을 조금 알게 되네요. 나에게 어른은 항상 부모님의 모습이었어요. 뭐든 척척 고치고 만들어주는 아버지, 항상 자식 걱정하면서 자식이 올바른 길로 갈 수 있게 인도해 주시는 어머니. 자식에게 모범적인 우리 부모님이 나에게 가장 큰 어른이고, 나 또한 이렇게 본받을 만한 어른이 되기 위해서 열심히 노력하고 있답니다. 열심히 걷다 보면, 우리 아들에게 본받을 어른이 될 수 있겠죠?

 오영주

 스무 살이면 어른일까, 서른 살이면 어른일까 항상 생각했어요. 어릴 때는 나보다 몇 살 많은 언니, 오빠도 커 보였고, 빨리 그렇게 되기를 바라던 때도 있어요. 하지만 그 나이가 되고 보니 다시 더 나이 많은 어른을 바라보고 있더라고요. 나이를 떠나 "언니, 오빠니까.", "더 언니, 오빠 같네.", "어른 같아." 같은 말들을 들으면서 어른의 기준은 조금씩 바뀌어 간 것 같아요. 현실적으로 어른이 될수록 혼자서 감내하고 책임지는 게 늘어가는 걸 느끼며 왜 그렇게 어른이 되고 싶었을까 지난날을 돌아보게 되네요. 책임져야 할 게 늘어가면서 더 어른스럽고 책임감 있는 멋진 사람이 되고 싶은 건 자연스럽지만, 어깨가 무거워지기도 하죠. 나는 세상을 겪고 배우며 어른이 되어가는 것임을 깨닫고 있어요. 나이를 먹은 누군가도, 더 나이를 먹은 누군가에겐 아이처럼 보이듯이요. 그래서 완전한 어른은 없고, 죽을 때까지 성숙해 가는 것이고, 아직도 어른으로 성장하고 있다고 생각해요. 나는 어제도 오늘도 꾸준히 조금 더 나은 어른이 되어가고 있어요.

 최은수

　어른이 되면 내가 하고 싶은 것을 하면서 독립적인 삶을 살 것으로 생각했어요. 그게 어른의 멋이라고 생각했었거든요. 최근까지도 금전적으로나, 감정적으로나 독립적으로 살아왔었어요. 내가 생각한 멋진 어른의 삶을 이루려는 노력이었죠. 하지만 최근에 쉬는 시간을 가지면서 느낀 건 나는 예스맨이었더라고요. 상대의 부탁에 거절을 못해서 허덕이며 할 수 있는 것들은 다 끌어안았답니다. 이게 멋진 어른이라고 생각했어요. 하지만 다시 생각해 보니 그저 인정 욕구를 해소하기 위해서 무리했던 거더라고요. 스스로를 인지하고, 최근에 깨달은 어른의 모습은 소통할 수 있는 모습이에요. 내가 모든 일을 끌어안았을 때, 누군가가 "네가 모든 것을 끌어안을 이유가 없고, 다 끌어안을 수도 없다."라고 조언을 해준 적이 있었어요. 그 당시는 이해를 못 했어요. 그분은 직접적으로 말씀하지는 않았지만, 지금 돌아보니 혼자 고독하게 무리하지 말고, 소통을 하라는 의미였던 것 같아요. 지금은 소통을 더 열심히 하려고 노력하고 있어요. 어른이 되려고 노력하고 있답니다.

 나름 오랜 시간을 함께하고 너 나 할 것 없이 잘 지내고 있다고 생각했는데, 한순간의 말다툼으로 끝나버린 인간관계가 있어요. 한동안은 아쉽거나 그립지 않았는데, 시간이 더 지나고 보니 나 혼자 오해했던 건가 후회가 되네요. 다시 생각해 보면 정말 사소한 일이었는데, 나는 왜 혼자서만 상처받은 것처럼 왜 그렇게 화를 내고 무정하게 관계를 끊어버렸을까요? 그 사람도 나와 같이 생각할지는 모르겠지만, 다시 연락해서 오해를 풀고 잘 지내고 싶은데 가능할까요? 다시는 사람과의 사이에서 이런 일이 없어지려면 어떻게 해야 할까요?

#인간관계 #상처

 오영주

 나도 그런 친구가 있었어요. 중고등학교를 함께 다니며 함께 공부도 하고 밤늦게까지도 붙어 다니고 그랬어요. 미래를 계획하는 중에 그 친구는 혼자서 내 미래까지도 함께 계획했더라고요. 지금 생각해 보면 그 친구의 마음을 느낄 수 있는데, 그때는 가슴이 답답해지고 화가 났어요. 그날 이후로 그 친구와 관련된 모든 연락을 끊어버렸어요. 시간이 흘러 한 친구에게서 그 친구가 결혼한다는 소식을 들었어요. 좋은 기억이 많기에 좋은 일을 축하해 주고 싶었어요. 답장은 기대하지 않고 안부와 사과, 그리고 축하를 남겼어요. 근데 답장이 왔어요. 그 친구는 이런저런 상황들로 선뜻 연락하지 못했다고 고맙다고 해주더라고요. 결혼식이라는 계기가 다시 연락하는 사이가 되게 해주었어요. 공백의 시간도 있고, 이젠 어릴 때의 우리가 아니라 전과는 다르지만 틈틈이 연락을 주고받고 있답니다. 기쁜 일이든 슬픈 일이든 어떠한 계기가 연결될 수 있는 계기가 될 수도 있는 것 같아요. 그래서 그런 기회가 있다면 나처럼 잡아보는 게 어떨까요? 그리고 나는 상황에서 감정의 여유를 가지자고 다짐했어

요. 화가 나더라도, 너무 기분이 좋더라도 너무 끌고 가지 말기, 그리고 사과도 너무 늦게 하지 않기로요.

 한부용

 상대가 친구라면 다시 연락하고 오해를 푸는 것에 찬성해요. 하지만, 친구가 아닌 연인이었다면, 추천하지 않고 싶어요. 끝나버린 관계의 시간이 오래되었다면 더더욱 추천하지 않고 싶네요. 친구라면 오해를 풀고 다시 친구 관계를 회복하던지, 회복되지 않아 관계를 그냥 끝내든지 할 수 있다고 생각이 들지만, 연인이었다면 관계 회복이라는 것이 애매한 것 같아요. 관계 회복이 다시 연인관계로 지내는 것인지, 친구 관계로 지내고 싶은 것인지부터 고민할 필요가 있을 거 같아요. 연인관계로의 회복을 원한다면 다시 상처받을 각오를 하길 바라고, 친구와의 관계로 회복을 원한다면 이성으로의 감정으로 발전하지 않을 각오를 하길 바라요. 서로의 감정이 연인이라는 관계 회복의 마음이 생겼다면 좋겠지만, 우선은 스스로 상처를 덜 받을 수 있는 방향으로 했으

면 좋겠네요. 연락하는 것은 본인의 자유겠지만, 원하는 결과가 아닐 때 그 결과를 충분하게 받아들일 수 있는 상태가 됐을 때 연락하길 바라요. 그리고 오해라는 것은 어떠한 상황에 있어서 그릇되게 해석하거나 뜻을 잘못 알아들었을 때 생겨나는 것이니, 새로운 사람과의 관계에서는 본인이 이해한 것이 말하는 이의 의도와 같은 것인지 자주 확인하는 습관이 필요할 것 같아요. 오해가 생기면 결국 본인이 상처받기 때문입니다.

 전지적 아아

대학생 때 술자리에서 교수님이 "어차피 헤어질 인간들은 언젠간 헤어지게 되어 있어."라고 하신 적이 있어요. 그때는 여자 친구 사귀고 싶어 하는 남학생들에게 던진 남녀 관계 이야기였는데, 요즘 모든 인간관계에 이 말이 적용된다고 생각해요. 그 말다툼은 언젠가 일어날 수밖에 없었던 이별의 트리거였을 뿐이라고 생각해요. 나 혼자 오해한 것 같다는 후회 때문에 다른 사람과 새로운 관계에서 소극적으로 변하면 비슷한 일이 자꾸 일어나는 것 같아요. 이미 지나간 인연에서는 간단한 교훈만 얻고, 앞으로 올 인간관계에서 나답게, 그러면서 실수라고 생각한 행동을 조금 줄이면 좋지 않을까 해요.

 글_생

 마치 내 이야기 같아서 오랜 시간 동안 담아뒀던 이야기를 해야겠어요. 여고 동창생과는 모임도 하고 여행을 다니며 긴 시간을 서로를 잘 안다고, 믿으며 지냈어요. 친구의 성격은 직설적이고 솔직한 편이고 나는 친구들의 이야기를 잘 들어주는 편이에요. 부탁을 들어주거나 먼저 사정을 챙겨주는 정도는 친구를 위해서라면 언제든지 가능한 사람이었어요. 어느 날, 친구는 아들의 병원 진료 관계로 서울의 숙소를 찾았고 당연히 우리집으로 와서 잘 수 있다고 생각했나 봐요. 나는 하필 그때 주말부부였던 남편이 귀가하는 날이었고 타지에서 대학에 다니던 큰아들이 장염으로 아파서 집으로 와야겠다는 소식을 접했죠. 작은아들의 학교에서 독서 모임 회의 중이라서 친구의 연락에 짧은 답을 해야만 했어요. 사정이 있어서 안 되겠다는 말로요. 그 친구는 내가 다른 친구들과 차별하고 자신을 무시한다고 생각했다네요. 나와 연락을 차단하고 아예 보지 않겠다는 말을 했어요. 뭐랄까… 숨 막히는 좁은 방에 갇혀있는 기분이 들었어요. 해명이나 이유를 제대로 듣지 못하는 와중에 생겨버린 소외감이 우울증으로 번져 길거리에서 삼삼오오 모여 다니는 여자들을 보면 주저앉아 울곤 했어요. 어딜 가든 사람들의 시선이 두려웠어요. 친구를 무시한 사람이라는 소리가 들리는 것 같았거든요. 1년 반이 지나서 다시 만나기는 했지만 예전 같지는 않아요. 예전처럼 지내는 것 같아보여도 보이지 않는 선은 지워지지 않아요. 말이나 행동이 조심스러워졌고요. 다시 상처받기 싫은 나 자신이 본능적으로 하는 거겠지요. 먼저 연락을 하고 오해를 풀라고 말하고 싶어요. 잘 지낼 수 있을 거예요. 하지만 원래대로라는 마음은 꺼내지 말길 바라요. 어떤 형태로든 흔적은 남을 수 있다는 것을 기억했으면 좋겠어요. 두 번 다시 이런 일이 없어지려면 친구분들과 이야기를 많이 나누길 바라요. 살아가는 이야기도 좋고, 고민도 좋고, 아니면 특정한 이슈 이야기든 친구들의 사고방식이나 감정 방식에 대해 알아가는 기회를 많이 가졌으면 좋겠어요. 너 나 없이 잘 지낸 사람일수록 더 아끼고 소중히 다뤄야 하는 보물이라는 것도 꼭 생각해 두세요. 이런 일은 없을수록 좋지만 이미 생겼다면 우리를 한층 더 깊은 심성을 갖게 하기 위함일지도 모르죠. 감사히 받아안을수록 우린 성장하는 거라고 믿어요.

옆자리 사람인데요,
고민이 있어요

 어릴 때는 큰 어려움이나 불편함 없이 대화에 잘 어울렸는데 어느날부터 대화에 잘 끼이지 못한다는 느낌이 들었어요. 친구든 연인이든 회사 사람들과 이야기를 하면 대화의 끝이 항상 나라는 거죠. 내가 말하고 난 이후에는 더 이상 이야기가 이어지지 않는 거예요. 탁구공처럼 대화의 랠리가 이어져야 하는데 그렇지 못하다는 것을 깨달았어요. 그리고 내가 누군가의 속 깊은 이야기를 들으면 공감을 잘 못하는 것 같아요. 가까운 친구들도 신변잡기만 내게 들려줘요. 놀 때만 좋은 사람이 아니라 살아가는 깊은 이야기를 할 때도 좋은 사람이고 싶어요. 어떻게 해야 생각의 폭이 깊고 넓어져서 많은 사람들과 마음을 나누고 지혜로운 대화를 나눌 수 있을까요?

#대화 #생각

 나리

  어떤 현상이나 사건을 대할 때 타인이 내가 미처 생각하지 못했던 견해를 말하거나 심지어 그 의견이 더 타당해 보이면 내 생각은 한없이 얕고 좁게 느껴지죠. 어쩌면 우리는 주관적인 '생각'까지 타인과 나를 비교하여 평가하고 있는지도 모릅니다. 그는 나와 다른 생각을 하는 것이지 더 뛰어나거나 맞는 생각을 하는 것이 아니에요. 생각에 정답은 없어요. 그의 생각이 내 마음에 와 닿으면 그 순간 나는 그 생각을 수용하게 되고 이 과정 자체가 사고의 폭을 깊고 넓게 만드는 데에 도움이 된다고 생각해요.

 원인

  대화에 대한 고민이라는 점에서 비슷한 고충을 가지고 있어요. '관심은 없지만 사회적인 답변'을 적당히 되돌려주는 것에 애를 먹으면서 배워가고 있습니다. 그럼에도 살아가면서 배운 사람과의 공감, 소통 방법이 몇 가지 있어요.
  대화는 '똑똑함'을 자랑하려고 하는 것이 아니

라는 거예요. 남 잘난 이야기 들으려고만 대화하는 사람은 없잖아요. 그리고 이게 정말 중요한데, '공감'의 방식이에요. 실제로 그 사람의 이야기에 깊이 생각하고 싶지 않고, 동의가 안되는 경우는 많았어요. 하지만 아무리 달라도 결국 사람 사는 이야기는 비슷한 구석이 있더라고요. 조그마한 감정, 슬퍼 본 적 없고 기뻤던 적 없는 사람은 거의 없잖아요. 마지막이 '솔직함'과 '관찰력'인데, 그 사람의 말에서 공감할 수 있는 작은 것을 알아채고 거기에 마음을 담을 수 있냐는 거였어요.

지혜는 결국 다양한 사람들을 만나고 경험이 쌓일 때 나오는 거잖아요. 책을 읽으면서 간접적인 경험을 늘려 자신의 삶을 정돈하고 대답의 가짓수를 늘리는 것도 분명히 유효하지만, 본질적이지는 않은 거지요. 나도 내 능력과 성향 때문에 무엇을 성취할 수 있을지 걱정이 들더라고요. 경청은 대화의 기본이니, 나라면 과감히 포기하고 다른 사람의 이야기를 편하게 들어주는 사람으로 가닥을 잡아보는 건 어떨까요? '이야기를 들어주는 사람이 최고'라는 말, 들어본 적 있잖아요.

최은수

 질문을 정리해 보면, 원활한 대화를 목적으로 생각의 폭을 넓히는 방법이라고 정의할 수 있겠네요. 우선 일상에서의 대화는 공감이 우선이라고 생각해요. 최근에 경험한 대화를 더이상 하고 싶지 않은 사람은 대개 공감보단 방법을 제시하는 사람이었네요. 사실 방법은 스스로 잘 알거든요. 대화하면서 공감을 받고 싶은 마음이 더 컸었던 것 같아요. 그리고 말 그대로 대화의 랠리가 이어져야 하는데 스스로를 타인에게 인정받기 위해 자신의 이야기를 너무 많이 하는 사람은 대화가 이어지기 힘들더라고요. 대화는 상호 간에 소통으로 이뤄지는 행위인 점을 염려하면 좋겠어요. 처음 보는 사람과 일상에서 접할 수 있는 작은 주제의 대화를 하다 보면 상대만의 특별한 키워드가 보일 거예요. 이를 고려해서 상대가 좋아하는 키워드의 화제를 대화 소재로 사용하면 폭넓은 대화가 가능할 거로 생각해요. 이를 위해 다양한 분야의 정보를 가볍게 알아두면, 다양한 질문 그리고 폭이 넓고 깊은 대화를 할 수 있을 거로 생각합니다. 요즘은 다양한 분야의 정보와 키워드를 쌓아두기 위해 독서와 박물관 투

어를 즐기고 있답니다.

 차혜선

  얼마 전 교양 과학책을 완독했고, 또 다른 교양 과학책을 석 달에 걸쳐 읽는 중이에요. 과학 관련 도서를 읽다 보니 과학 그 자체의 지식보다는 새로운 지식과 발상이 만들어지고 세계에 편입되는 과정에 더 관심이 가게 되었어요. 혹시 텔레비전에서 예전에 했던 만화영화 〈출동 지구특공대〉 알까요? 기원전 과학은 만화 〈출동 지구특공대〉 주제가처럼 땅, 불, 바람, 물을 외치는 수준인 줄 오해했어요. 오히려 그 시절의 발상은 현대 과학과 비슷하더라고요. 실험이나 증명은 불가했지만요. 현대와 비슷한 의문을 던지던 그 시절은 소크라테스 철학 시기 전후 퇴보했다고 해요. 당시 정점의 학자와 학파들의 경직성 때문에 과학의 발전이 더디었다고 책에선 얘기해요. 항상 새로운 가설과 실험은 모두 이단이었어요. 지식보다는 경직되지 않은 발상이 우선되어야 결국 새로운 학설이 만들어지더라고요. 과학만 그럴까요. 학문이나 문화도 마찬가지죠. 개

인도 그렇다는 생각이 문득 들었어요. 당연함을 당연히만 여기면 생각의 지경이 확장되지 않는다는 판단이 책을 읽는 내내 들었어요. 이게 두 권의 과학책을 읽으며 내가 내린 다소 엉뚱한 결론이었어요. 그동안 나 역시 내 현실로 적용하진 않았어요. 나는 상당히 경직되고 계획적인 사람이거든요. 최근 일 년 정도가 되어서야 좀 더 자유로운 생각을 겨우 확장하고 있어요. 또다시 생각해 봅니다. 내가 버려야 할 당연함은 무엇일지를요.

 최근 이직을 해서 새로운 사람들과 함께 일하게 되었습니다. 이전 직장의 상사와는 달리 내가 부족한 부분이 있어도 비난하지 않고 더 나은 방향으로 이끌어 주는 모습에 큰 충격을 받았습니다. 타인에 대한 배려와 존중이라는 지극히 인간적인 대우를 직장에서는 기대할 수 없다는 내 생각을 바꿔 놓았습니다. 살얼음 위를 걷는 듯한 하루하루에서 따뜻한 인사와 발전적인 대화가 오고 가는 매일매일로 바뀐 일상이 처음에는 낯설었지만 점차 적응이 되어 안정감을 느끼기 시작했습니다. 자연스레 일을 더 잘하고 싶은 욕구도 생겼어요. 또한 이들처럼 나도 타인에게 좋은 기운을 주는 사람이 되고 싶다는 생각이 들었습니다. 좋은 사람이 되려면 어떻게 해야 할까요?

———————————————————— #타인 #좋은사람

 위기은

 일상에서 좋은 사람을 만나는 것, 좋은 사람들과 일을 한다는 것은 축복이라고 생각해요. 그만큼 마음 맞는 사람을 만난다는 건 어려운 일이죠. 그 어려운 일이 나타났다니 정말 축하드려요! 한때 나도 좋은 사람이고 싶었어요. 모두에게 좋은 사람이 될 수 없다는 것을 알게 된 어느 날 좋은 사람이 어떤 사람일까 생각하게 됐어요. 뚜렷한 답을 아직 얻지 못했고, 타인에게 좋은 사람이고 싶은 마음에 불편한 마음을 감추고 지내는 게 더 지쳐서 애쓰지 않기로 했어요. 마음이 이끄는 대로, 나에게 잘 해주는 사람에게 보답하면서 지내니 마음이 덜 힘들더라고요. 어떤 사람이 좋은 사람인지, 어떤 사람이고 싶은지 생각해보면 좋겠어요. 그 후에 방법을 찾는 건 지금보다 쉬울 거예요.

 진선이

 직장 상사에게 좋은 영향을 받았다니 좋네요. 주변 환경이 미치는 영향은 큰 것 같아요. 좋은

사람 옆에 있으면 덩달아 좋은 마음이 생기고 또 그 사람을 따라 하고 싶어지잖아요. 사람은 얼마든지 환경에 따라 변할 수 있어요. 식물이나 동물도 예쁜 말을 많이 들으면 건강하게 자란다고 하잖아요. 좋은 사람 기준은 나와 타인의 시선이 다르기에 다를 수 있다는 생각이 들어요. 나는 좋은 마음으로 상대를 대했는데 받는 사람은 아닐 수 있거든요. 좋은 사람이 되려면 나를 먼저 사랑해야 한다고 생각해요. 내 안에 사랑이 가득해야 타인에게도 좋은 행동으로 나가더라고요. 좋은 관계를 유지하기 위해서는 양보와 배려도 필요하고요. 좋은 감정을 갖고 상대방을 대하면 그 마음이 가닿지 않을까 싶네요. 이타심은 나로부터 시작인 것 같거든요.

 전지적 아아

다른 사람에게 좋은 사람이 되는 방법은 생각보다 단순합니다. '나'를 세상에서 지우면 됩니다. 대체로 사람들은 자기 마음을 말하지 않아도 알아주기를, 자기를 위해 모든 것을 해 주기를 바라죠. 보통 사람들은 저런 이기적인 마음을 가지는데, '나'의 이기적인 마음을 버리고 타인의 이기적인 마음을 잘 채워준다면, 무조건 다른 사람들에게 좋은 사람이 될 것입니다. 그렇게 하려면 자존심 깎아내고, 내 감정 숨기고, 내 신경은 온통 그 사람이 되어야겠지요.

무작정 좋은 사람이 되는 것은 단순하지만 힘들고 어려운 일입니다. 좋은 사람이 된다는 것은 그만큼 '나'를 많이 내려놓아야 한다는 말이죠. 역설적으로 너무 좋은 사람이 되려고 노력을 안 하는 것이 좋은 사람이 되는 방법일지도 모릅니다. 내 상태가 안정적이지 않은데, 다른 사람에게 잘해주기는 어렵죠. 다른 사람을 위한 마음을 살짝 내려놓고, '나'를 조금 챙겨보면 달라진 마음이 느껴질 것입니다. 운동을 한다거나, 자신이 좋아하는 것이 흠뻑 빠지거나 하면서요. 그러면 내가 여유가 생기니까 너그러워지더라고요.

 차혜선

꼭 직장이 아니더라도 스스로를 친절하고 이타적이라 생각 하나, 실은 욕먹는 것이 싫고 인정받고 싶어 하며 보상 심리가 강한 사람들이 많아

요. 생각보다 많은 사람들이요. 인정하기 싫고 부끄럽지만, 내 얘기에요. 자수하니 상당히 민망하고 창피하네요. 자신이 희생적이라 손해가 크다고 여겼어요. 나 자신만 열심히 하고 다른 사람은 그렇지 않다고, 겉으로는 아니지만 속으로 정죄했어요. 전혀 이타적이지 않은 나를 심지어 이기적인 경우도 많은 자신을 진심으로 그렇게 생각해 왔죠. 그래서 나와 비슷한 분들이 안쓰럽기도, 묘하게 이해가 되기도 했어요. 아주 많이 눈에 보였어요. 때로는 본인이 도덕적이고 착하다고 강하게 믿는 사람들이 문제일 수도 있지 않을까요? 이미 자신을 좋은 사람으로 생각하고 있는 사람이요. 자신을 나약한 사람에 불과하다며 좋은 사람이 되고 싶다는 마음이라면, 곧 자신만의 방법을 찾을 거예요!

 글_쌩

칭찬을 들으면 고래도 춤추게 한다고 합니다. 칭찬은 우리의 역량에 열량을 쏟아붓게 만드는 기름과 같아요. 때로는 작은 실수에도 낙심하여 자신에게 채찍질을 하게 만드는 것도 바로 칭찬의 이면이기도 해요. 주변의 열 사람 중에 여덟 명은 나를 싫어하고, 한 사람은 내게 관심이 없고, 딱 한 사람만 내 편이라는 것을 잊지 말라는 말을 들었어요. 자책을 잘하는 내게 큰 도움이 되는 말이기도 했어요. 단 한 사람만이라도 내 편이 있다면 살아가는데 큰 힘이 된다는 말이기도 합니다. 또한 우리의 지인들 중에 다섯 명의 평균 성향이 자신이라고 해요. 좋은 사람이 많다면 이미 좋은 사람으로 살고 있다고 보면 어떨까요? 좋은 사람에 대한 고민을 하는 것 자체도 충분히 좋은 사람이에요. 만약 좋은 사람이 되고 싶다면 '만나고 싶은 좋은 사람'에 대한 기준을 가지고 그에 맞춰서 살아가는 것도 좋다고 생각해요. 예의 바른 사람을 갖고 싶다면 무례하지 않게 살면 되겠지요. 따스한 기운을 가진 사람을 곁에 두고 싶다면 온기를 나눠주는 사람이 되어보는 거죠. 내가 바라는 것이 있다면 바라는 대로 내가 먼저 그렇게 살아가는 것이 가장 올바른 방법이라고 믿어요. 내가 먼저 좋은 사람 되어주기. 이것이 다정한 사회를 만들 수 있는 기본소스라고 말하고 싶어요.

  계속되는 일로 너무 바쁘게 달리는 삶을 살아왔어요. 잠깐 일에서 손을 놓고 여유롭게 쉼을 하고 싶어요. 무엇을 하며 어떻게 시간을 보내면 좋을지 고민이에요. 쉼에 도움이 될 만한 것 추천해 줄 수 있나요?

#일 #쉼

 나리

 할 일은 많은데 기운이 나지 않을 때 커피를 마시며 에너지를 끌어올린 경험, 한 번쯤은 있을 거예요. 이처럼 더 많이 일하기 위해 커피를 마시는 것이 아니라 더 잘 쉬기 위해 커피를 마셔보는 건 어떨까요?

 먼저 커피포트에 물을 올립니다. 물이 끓는 사이 원두 30g을 분쇄기에 넣고 곱게 갈아주세요. 1인 권장량보다 조금 더 넣어주세요. 향이 진하고 맛이 깊을수록 기분이 좋거든요. 원두가 적당히 갈리고 물이 끓어 전기 포트가 멈추면 이제 '쉼'을 시작할 때입니다. 곱게 갈린 커피 가루를 여과지에 담아 드리퍼 위에 올리고 그 아래에 서버를 받쳐 주세요. 데워진 물을 주전자에 옮겨 담은 후 조심스레 커피 가루 위에 붓습니다. 물줄기가 일정하게 나올 수 있도록 집중해서 내려주세요. 또한 원두 전체가 골고루 적셔질 수 있도록 둥글게 부어줍니다. 커피 향으로 방 안이 가득 찼을 때 컵에 옮겨 담아 한 모금 들이마십니다. 단순히 커피를 내리고 마시는 것이 아닌 오감으로 커피를 느끼는 '쉼'의 과정입니다.

 글_쌩

 바삐 부지런히 그리고 성실하게 살아온 시간에 대해서 존경하고 수고했다는 말을 하고 싶어요. 자의든 타의든 바쁘게 달리는 삶을 살다 보면 누구나 지치기 마련이죠. 때로는 몸과 마음이 견디지 못하는 임계점에 이르러서야 뒤늦게 알아채기도 하지만 때로는 미리 자신을 챙기고 싶은 마음이 들기도 해요. 쉼은 조급했던 시간의 속도를 느리게 만드는 순간이자, 곧 달려야 할 시간을 위한 숨고르기와 같은 틈이라고 생각해요. 이때 패스트푸드나 자극적인 음식이 아닌 느린 음식, 슬로우 푸드를 먹으면서 몸과 마음에 에너지 보충의 기회를 주는 것도 좋을 것 같아요. 예를 들어, 호박죽이라든가 갈비찜처럼요. 요리를 만드는 동안 복잡한 생각은 버리고 요리 과정을 즐기는 찰나만 존재하기도 해요. 쉬는 동안 자신만을 위한 요리를 해보세요. 느리지만 여유 있고 간결한 사람이 되어보는 순간을 즐기는 거죠. 산책자가 되어 보는 것도 좋지 않을까요? 운동으로서의 걷기가 아니라 사색하는 과정을 몸과 정신이 즐기게 하는 거예요. 자신의 문제에 몰입하기보다 주변으로 시선을 돌려 사람들의 몸짓과 그들의 삶

을 유추해 보거나 잊고 지냈던 계절의 변화를 자연으로부터 찾아본다든가, 서점이나 도서관에 들러서 작가들의 사상과 사고력 속으로 유유자적 걸어보는 것은 어떨까요? 극과 극은 통한다는 말이 있어요. 바쁘게 급히 살아온 시간의 반대편 모습을 가져보길 바라요. 항상 같은 향기가 나는 방에 머물면 어느 날부터는 그 향기를 맡을 수도 없고 잊어버린다고 해요. 지금과는 다른 무늬의 시간들을 탐색함으로써 현재 우리의 삶을 가꾸고 돌아보고 재정비하는 기회를 잡는 것도 지혜로운 삶일 거예요.

 한부용

네 가지 방법을 추천해 드리고 싶네요.

첫째, 멍을 때려보세요. 핸드폰, 컴퓨터, TV 등 손에서 내려놓고 멍하니 뇌와 눈을 그냥 두어보세요. 아무것도 없는 창밖과 하늘을 보며 멍하니 쳐다보며 휴식을 취해보세요.

둘째, 걸어보세요. 도심을 벗어나 피톤치드가 풍부한 산책로를 천천히 걸으며, 숨을 크게 쉬어보세요. 몸이 더 개운하고 가벼워지는 느낌이 들

수 있어요.

셋째, 평소 일과 휴식 시간을 규칙적으로 정해서 움직여보세요. 휴식을 몰아서 하려 하지 말고, 규칙적인 휴식을 해보세요. 그럼 몸이 덜 지치고, 좋은 에너지를 오래 품을 수 있을 거예요.

마지막으로 자신을 위한 선물을 준비해 보세요. 꽃 한 송이도 좋답니다. 평소 바쁘게 살면서 애쓰고 감사한 자신을 위한 선물을 준비하는 그 순간이 바로 가장 좋은 쉼이 될 것 같아요.

 차혜선

시인 윌리엄 워즈워스는 너무한 세상을 잠시나마 잊기 위해 걷는다고 했다고 해요. 시인의 작품을 읽어보진 않았지만, 어디선가 그 말을 들은 후 그의 표현을 생각하며 이따금 호수 주위를 걷습니다. 잊는다는 건 연습이 필요한 게 분명해요. 사실 호숫가를 걷는 중에도 잡다한 일정과 분주함에 여전히 마음이 복잡해요. 쓸데없는 근심도 떠올라 머리를 검지로 지그시 눌러 봅니다. 요즘 살짝 따뜻해졌다고 신나게 헤엄치는 오리들이 보여요. 이상하죠? 오리멍(오리를 멍하니

바라보는 것)을 하는데 평안이 내 마음속 어딘가에 쌓이는 느낌이 들어요. 더 따뜻해지면 풀멍과 꽃멍에서도 무언가를 발견할 수 있지 않을까 생각해 봅니다. 위안을 주는 것들을 하나씩 찾아보면 '너무한 세상'을 잊을 수 있지 않을까요?

 전 연인과 헤어진 지 몇 년이 지났는데 새로운 사랑이 오지를 않네요. 마지막으로 만난 사람이 나쁜 사람은 아니었는데, 연애 기간이 길어질수록 서로 상처가 되는 것 같아 헤어졌어요. 지인이 해주는 소개팅에도 나가보고, 낯선 사람들과 얘기하는 앱도 이용해 봤는데 선뜻 만나볼 용기가 나질 않아요. 시간이 지날수록 나쁜 기억보다 좋았던 기억들이 자꾸 떠올라 새로운 사람을 만나기도 쉽지 않네요. 혼자인 기간이 길어질수록 연애를 해야 한다는 조바심마저 듭니다. 예전처럼 상처받지 않을 연애를 하고 싶고, 누구보다 정말 좋은 사람을 만났으면 좋겠어요. 어떻게 해야 좋을까요? 언제쯤이면 다시 사랑할 수 있을까요?

#사랑 #이별

 최은수

 좋은 사람이란 무엇일까요? 사람마다 그 기준은 천차만별이겠지만, 내가 생각하는 좋은 사람은 내가 좋아하는 것을 같이 즐길 수 있는 사람이며 결이 같은 사람이라고 생각해요. 최근 에리히 프롬의 『사랑의 기술』이라는 책을 읽었어요. 자기애 즉, 자기 자신을 진정으로 사랑해야 남들을 사랑할 수 있다는 내용이 담겨있었지요. 내가 생각하는 자기애를 기르는 방법으로는 자신이 좋아하는 것을 알고 그 좋아하는 것을 더욱더 행하는 거예요. 좋아하는 것들을 선별하고, 선별한 것을 위한 모임이나 활동에 참여해 보면 좋은 사람을 만날 수 있을 거라는 생각이 드네요.

 글_쌩

 나의 절친 중에 "좋은 사람이 정말 많으세요."라는 말을 누구에게나 듣는 친구가 있답니다. 그 친구는 마음이 따뜻하고 다정하고 공감력도 크고 기꺼이 도움을 주는 좋은 사람이에요. 그렇기 때문에 사람들이 많이 모이고, 그 때문에 좋은 사람이 많을 가능성이 꽤나 높다고 생각해요. 좋은 사람이라면 좋은 사람을 분명히 만날 거라고 믿어요.

　사랑은 문제집 같다고 생각해요. 쉬운 부분만 자꾸 푸는 사람이 있고 어려운 문제를 해결해 보려고 끝까지 노력하는 사람도 있어요. 사랑을 대하는 사람의 태도도 그런 것 같아요. 쉬운 사랑을 계속하는 사람이 있는 반면, 어렵지만 더 나은 사람이 되려 애쓰면서 힘들어도 끝내 사랑을 이루려 하는 사람도 있어요. 새 문제집을 샀다면 지난 문제집에서 정답을 찾았던 기억은 잊고 풀어야 하지 않을까요? '지난번에 이 문제는 알아맞혔지.'라면서 제외하고 진도를 나가지는 않듯이 사람 관계도 마찬가지라고 생각해 보세요. 새로운 사람을 만났다면 처음부터 1에서 시작하는 것이 그 사람을 위한 배려가 아닌가 해요. 급한 마음으로 쇼핑을 한 후에 집에 오면 뒤늦게 결함이 보이거나 불필요한 것임을 깨닫기도 합니다. 사람 관계일수록 조급한 마음을 없애고 감정이 느리게 따라오도록 해야 하지 않을까요? 좋은 사람은 감정이 만나는 것이 아니라 마음이 만나는 일일 거예요. 그리고 상처를 주고받지 않으려면 서로에 대한 기대나 바람을 가능한 더디 챙기길 바라요. 상처는 상대방을 너무 몰라서 생기기도 하고 내 마음이 너무 앞서서 생기기도 하니까요.

 위기은

 몇 년 전 '나도 사랑할 수 있을까?' 고민한 적이 있어요. 내 상황과 마음을 돌아보고 '나에게 사랑은 사치이고, 할 수 없다'는 결론을 냈어요. '못 하는 것'이라 생각하기엔 마음이 아파서 안 하겠다고 다짐했어요. 나는 12년 동안 잊지 못한 사람이 있었어요. 다른 이를 만나도 생각나고, 마음 아팠던 일보다 좋았던 기억이 나는 사람이었어요. 어느날 다른 일로 상담을 받다가 잊지 못한 사람에 대한 이야기가 나와서 상담사와 역할극을 하게 됐어요. 그 사람의 입장으로 생각하고 말하다 보니 내 머릿속엔 '아, 우린 끝났구나'라는 말이 떠올랐어요. 나의 좋지 않은 모습을 보고도 옆에 있어 준 사람이기에 이 세상에 그보다 나은 사람은 없다고 생각했고, 무의식중에 '다시 만날 수 있을 것이다'는 생각도 하고 있어서 미련을 놓지 못했다는 것을 알게 됐어요. 상담소를 나오면서 훔쳐보던 SNS를 지우고 미련을 추억으

로 남겨야겠다고 마음먹었더니 홀가분한 기분이 들더라고요. 나도 상처받지도, 주지도 않는 사랑을 하고 싶었어요. 그런데 생각해 보니 상처받지 않을 연애는 없더라고요. 다만, 상처받은 마음이 얼마나 빠르게 회복하느냐에 따라 다르게 느껴지지 않을까 싶어요. 상처받지 않겠다고 생각할수록 더 조심하게 되어서 사람을 만나기 어려워지는 것 같아요. 지인이 "제일 좋은 모습이 아닌, 제일 바닥인 모습을 보고도 옆에 있어 주는 사람이 있다면 그는 잡아야 한다."라고 말했는데, '그런 사람이 또 어디 있겠어?'라는 생각이 들었어요. 새로운 사람에게 나에 대해 알려주는 것도 힘들고, 나의 바닥을 보고 피하는 모습도 보기 싫어서 '이럴 바에 사랑하지 않을 것이다'라고 다짐하고, 현실을 살았어요. 갑자기 번아웃이 찾아와 밑바닥을 기어다니고 있었기에 더더욱 사랑은 생각하지 못했던 것 같아요. 살기 위해 그리고 좋아지기 위해 나 자신을 바라봤고, 지금 할 수 있는 것들을 하며 일상을 지냈어요. 어느날 거짓말처럼 이런 나의 모습이 좋다는 사람이 나타났고, 꿈에도 없던 결혼을 했어요. 옛 연인에 대한 미련을 놓아야 새로운 상처를 받을 수 있고, 상처를 이겨낼 수 있다고 생각해요. 미련을 찾아 추억으로 남겨두고, 지금 하고 싶은 일을 시작하면 좋겠어요.

 전지적 아아

 김춘수 시인은 〈꽃을 위한 서시〉에서 미지의 까만 어둠으로 만드는 '나'에 대해 '위험한 짐승'이라고 했는데, 연애를 하고 싶은 그 상태가 바로 '위험한 짐승' 상태라고 생각해요. 외로움은 사람의 근원적인 감정입니다. 그 감정이 가끔 마음을 요동치게 해서 심란하게 만들어요. 그때 우리의 머릿속에는 누군가를 강렬하게 만나고 싶다는 생각이 들게 되죠. 하지만 이때가 가장 위험합니다. 누군가를 만날 준비가 안 되었다는 신호에요.

 마음의 빈 부분을 채우기 위해 누군가를 만나면, 그 사람에게 너무 의지하게 되고, 너무 의지를 하면, 아무리 좋은 사람이라도 힘들 것입니다. 우선 위험한 상태에서 벗어나 평안한 마음이 될 때까지 조바심을 내지 않아야 해요. 법륜 스님이 길 가다가 만난 그 누구와도 결혼해도 상관이 없다는 말씀을 하셨지만, 그건 마음이 평온한 상태일 때 가능한 이야기입니다. 일단 내 마음을 평안하게. 그래도 늦지 않습니다. 그리고 혼자 지내도 좋아요.

과중 된 업무로 몸이 매우 힘들어요. 퇴사하고 싶은데 쉽게 안 되네요. 주변인들이 퇴사 후 뭐하며 어떻게 지낼 건지 자꾸 묻고 퇴사를 말리네요. 그래서 더 불안해요. 꼭 계획하고 퇴사해야만 하는 걸까요?

#업무 #퇴사

 박현경

 일과 직업은 인간에게 참으로 많은 의미를 가지는 듯합니다. 단순히 생계의 수단을 떠나 자신의 정체성을 나타내기도 하고, 미래에 대한 불안을 잠재워주기도 하죠. 우리는 아무것도 하지 않는 우리의 모습을 상상할 수 없기 때문에 그렇게 묻는 것일 수도 있어요. 직업에 대해 혹은 일에 대해 밑바닥부터 생각해 보는 것이 필요하지 않을까요. 직장이 없으면 불안한가요? 가장 큰 이유는 경제적 이유겠지요. 그런데 따져보자면 직장이 있다고 해서 미래가 확실히 보장되는 건 아닌 것 같습니다. 여러 가지 이유로 우리는 경제적 어려움에 빠질 수도 있으니까요. 회사가 망할 수도 있고, 가족 중 누군가 일이 생겨 경제적 어려움이 올 수도 있죠. 미래의 많은 영역은 사실 우리 손을 벗어나 있습니다. 미래의 일을 이유로 지금의 선택을 결정할 수는 없는 이유입니다. 몸을 추스르는 것이 먼저입니다. 무엇을 하든지 건강한 몸이 받쳐주지 않는다면 그 어떤 것도 힘드니까요. 몸이 힘들다는 건 마음도 힘들다는 뜻이죠. 왜 몸과 마음이 힘든 걸까요? 과중된 일이 나를 갉아먹고 있나요? 일 자체가 나와 맞지 않아

나를 소진하고 있나요? 일의 과중함을 벗어나고 싶은 건지, 일 자체에서 벗어나고 싶은 건지 돌아봐야 합니다. 과중한 일 때문이라면 조정이 필요한 시점입니다. 일 자체에서 벗어나려면 용기가 필요하죠. 지속하는 용기만큼이나 그만두는 용기도 중요하고 실행하기도 힘듭니다. 중단의 용기가 필요한 시점인지 들여다봅시다. 중단에 있어 앞으로의 계획도 중요하지만 무엇보다 중요한 건 '내가 무엇을 원하는가'라고 생각합니다.

 오영주

퇴사에 꼭 계획이 필요한 것 같진 않아요. 다짐이 필요할 뿐이죠. 지금 그곳이 아니어도 본인이 할 수 있는 일은 많고 갈 수 있는 회사도 많아요. 다만 익숙해진 것을 그만둘 때도, 새로운 것을 시작할 때도 모두 용기가 필요해요. 모든 게 내 선택이고 선택에 대한 책임은 자신의 몫임을 기억해야 하고요. 그러니 주변 사람들의 말에 꼭 휩쓸릴 필요는 없어요. 다만, 지금 몸이 힘들어 좁혀진 시야를 넓혀주고 다시 돌아볼 수 있는 조언은 주의 깊게 듣고 생각해 봤으면 좋겠어요. 어쨌든 후회하고 아쉬운 점이 있을 테니 덜 그러기 위해서 말이죠. 무조건 퇴사보다 약간의 휴식을 가지며 진지하게 생각해 보는 것도 좋을 것 같아요.

 진선이

 퇴사 이유가 몸이 힘들어서라면 계획을 세워 퇴사할 필요는 없다고 생각해요. 몸이 먼저잖아요. 내 몸이 어디가 아픈지 어느 정도까지 견딜 수 있는지는 나만 아는 거잖아요. 아무리 주변에 말해도 당사자가 아니니 알 수 없어요. 나는 몸이 아프면 짜증부터 올라와 일에 능률이 떨어지더라고요. 내 몸은 내가 챙겨야지 하는 마음으로 먼저 나를 돌보기를 권유해요. 본인 말고는 챙길 사람이 없어요. 퇴사하는 걱정보다 몸을 돌보는 시간을 가졌으면 해요. 건강해야 일을 다시 할 수 있잖아요. 퇴사 후 충분한 휴식을 가져 봐요. 출근 시간에 쫓기지 않는 것만으로도 스트레스 수치는 내려갈 것 같아요. 여행 다니고 맛있는 음식도 먹으며 몸을 충전하세요. 건강을 찾은 후에 일할 계획을 세워도 늦지 않아요.

 위기은

  반드시 퇴사할 때 계획이 있어야 한다는 생각은 하지 않아요. 다만, 계획이 있으면 추후 경제적으로 느껴질 불안감이 줄어들 수 있겠죠. 몸과 마음이 힘든 상태에서는 주변 이야기도 잘 들리지 않고, 일에 집중도 되지 않기에 퇴사 생각이 자주 들어요. 갈팡질팡한다면 말리는 주변 사람들에게 짜증도 날 거예요. 자신에게 확신이 없어서 주변이 신경 쓰일 수 있기 때문에 만약 짜증이 난다면 자신의 상태와 정말로 퇴사를 원하는지 마음을 확인해 보면 좋겠어요. 그리고 몸이 힘들어 퇴사를 결심하는 것이기에 몸을 회복하는 계획을 세우면 좋지 않을까 생각해요.

 글_쌩

  "퇴사하면 뭐 할 거야?"라고 물어보면 "몸이 힘들어서 관두니까 내 몸부터 사랑해 줄 거야."라고 먼저 대답을 하세요. 내 몸과 마음을 돌보다 보면 일하느라 하지 못했던 것, 하고 싶은데 꺼내지 못한 일, 뜻밖의 보물 같은 진짜 자신의 꿈이 툭툭 튀어나올지도 몰라요. 퇴사 후 가장 먼저 할 일은 무얼 할지 계획을 세우는 것이 아니라 '무엇'을 하기 위한 내 몸과 마음을 건강하게 세우는 것을 먼저 해야 하지 않을까요? 다른 사람들의 말처럼 퇴사 후 다른 일에 대한 이야기는 끊임없이 뭔가를 하지 않으면 마치 실패자나 도태된 사람으로 보는, 잘못된 시선이라고 생각해요. 하늘 높이 올라가며 자라는 대나무도 중간에 스스로 상처를 내어 마디를 만드는 이유는 더 높이 튼튼하게 자라기 위함이거든요. 우리도 마음이 지치기 전에, 몸이 아우성을 치기 전에 단단한 삶을 위해서 조금 쉬었다 가는 마디는 만들어줘야 한다고 봐요. 흔들려도 자신을 지탱할 수 있는 마디는 누가 대신 만들어주지 않는 거니까요. 누구나 꿈을 꾸지만 아무나 못하는, 나에게만 일어나는 '무언가'는 계획보다 무심결에 생기는 경우가 더 많을 것 같아요. 뉴턴의 사과처럼 부지불식간에 툭 떨어질 수도 있어요. 그러기 위해서는 사과나무 아래에서 뉴턴이 쉬었던 것처럼 우리도 쉬었다 가는 비상구는 있어야 하겠지요.

❝

  함께 일을 한 지 오래된 직장 동료가 있습니다. 근데 이 동료가 다른 동료들에게 말하는 말투도 얄밉고 싫습니다. 성격도 나랑 맞지 않아 대화도 잘 이뤄지지 않아서 스트레스를 많이 받습니다. 가끔은 스트레스를 받기 싫어서 신경을 쓰지 않고 지내려 해도 직장에서 자주 마주쳐서 이 또한 어렵습니다. 직장을 그만둬야 그 동료로 인한 스트레스를 안 받을 것 같은데, 내 상황이 직장을 쉽게 그만두지는 못하는 상황입니다. 이럴 때는 어떻게 하면 이 동료로 인한 스트레스를 덜 받고 내 마음을 다스릴 수 있을까요?

———— #동료 #스트레스

 전지적 아아

 나랑 비슷한 상황이군요. 나도 같은 직장에 잘 안 맞는 동료가 있습니다. 분명히 자신에게 주어진 일을 스스로 충분히 처리할 수 있는 능력이 있음에도 시작부터 못하겠다는 말과 함께 한 번 도와준 사람에게 계속 비슷하기도, 다르기도 한 자기 일을 부탁하는 사람이지요. 주변 동료들이 자기 비서가 되는 기적이 일어나요. 보는 것도, 도와주는 것도 스트레스였습니다.

 내가 스트레스를 덜 받기 위해 써먹은 방법은, 주변 사람들에게 그 사람 칭찬을 하는 것이었어요. 장점을 발견해서 이야기를 했죠. "계속 자기 일 미루는 것 같지만, 그래도 열심히 하는 면도 있더라."라는 식으로요. 이렇게 하면 두 가지 효과가 있는데, 하나는 내 이미지 메이킹에 좋고, 다른 하나는 내가 한 말 때문에 그 사람의 장점이 또 보이면서 그 사람에 대한 내 마음이 부드러워지더라고요. 같이 지낼 만해진 거죠. 내가 좋은 사람이 될 수 있는 방법인 것 같아 계속 실천해보려고 해요.

 차혜선

 암투 같은 사내 정치와 극한 수직적 문화를 조장하는 사람들이 싫었어요. 많은 경우 그 사람들은 머리도 좋고 수단도 좋았죠. 싫어하는 사람을 신경 안 쓰면 좋겠지만, 업무로 계속 얽혀 있었어요. 나와는 지향점이 다르지만, 그들도 상당히 부지런해야 하고 그 방면에서 성실해야 한다는 현실을 인정해야 했습니다. 그럼에도 나는 그렇게 할 수 없는 사람이기에, 나만의 실력을 쌓고 내가 원하는 방향을 잘 찾으려 정말 노력했고요. 거의 이십 년 가까운 사회생활을 했는데도, 어떻게 하면 관계에서 오는 스트레스를 줄일지 방법을 모르겠어요. 다만 퇴사한 후 돌이켜보니, 그 누구보다 내가 싫어하는 사람들이 나에게 상당한 영향을 끼쳤어요. 긍정과 부정, 모두 말이죠. 그 사실이 참 많은 생각을 하게 합니다.

 한부용

 어느 직장이든 마음에 맞지 않는 동료는 많다고 생각해요. 그러기에 너무 그 사람을 싫어하지

않았으면 좋겠어요. 싫어하는 마음이 심해지면 어느 순간 다른 동료도 당신이 그 사람을 싫어하는 것이 훤히 보일 수도 있어요. 그러다 보면 다른 사람들의 눈에는 당신을 이상하게 보는 이가 생길 수도 있어요. 그러기에 그 사람이 왜 싫은지 철저하게 분석을 해보면 좋겠어요. 그 사람의 어떤 말투가 싫은지, 어떤 부분이 얄미운지를 알아봤으면 좋겠어요. 그리고 그 사람을 있는 그대로 받아들이는 연습을 해보길 바라요. 처음에는 힘들겠지만, 그 사람을 받아들이면 지금보다 덜 힘들고 스스로 성장한 느낌이 들 거예요. 그리고 주변 사람의 눈에도 당신의 대단함과 포용력을 느낄 수 있을 거라고 믿어요.

 오영주

어디를 가나 나와 맞지 않은 사람은 꼭 있는 것 같아요. 또 마냥 피할 수도 없는 게 현실이라서 너무 슬퍼요. 미워하는 마음이 반복되면 그 마음이 더 커져 좋지 않은 부분만 자꾸 눈에 밟힌다고 해요. 그래서 그 사람과 관련된 모든 게 싫고 생활 자체도 스트레스가 되기도 하죠. 그렇게 그

사람 때문에 그만둬야 하나라는 생각까지 들 때도 있을 수 있겠지만, 자존심을 내려두고 신경을 꺼보는 걸 다시 해보길 추천해요. 내 주변에도 있어요. 나이를 먹을 만큼 먹고서도 어린애들처럼 싸움을 만드는 사람도 있고, 자기중심적이거나 상대를 무시하고 보는 사람도 있죠. 물론 잘 지냈던 때도 있었지만, 내 경우에는 조금 익숙해지고 좀 더 가까워진 게 문제였던 것 같아요. 그냥 내가 그만두고 나와버릴까도 고민했는데요, 뭔가 지는 것 같다는 생각이 들더라고요. 그래서 나는 다시 선을 만들어야겠다고 생각했어요. 나는 문제를 일으키지 않을 선에서 교류하고, 조용히 할 일만 하며 무시하고 지내고 있어요. 묵묵하게 나만의 페이스로 일하면서 반응을 안 하고 있으니 내 눈치를 보며 쉽게 건들지 않더라고요. 그렇게 거리를 유지하며 조심하는 중이에요.

요즘 따라 시간의 여유가 생겼을 때, 미래를 위한 대비를 해야 한다는 강박이 있다는 걸 깨달았어요. 이 압박감이 내 여유를 앗아가는 것 같다는 생각이 들더라고요. 참 모순적이라는 생각이 들었어요. 시간의 여유가 내 여유를 오히려 뺏어가다니. 그러고는 문득 생각이 들었어요. 자유 시간이 생기면 그저 휴식을 취하는 사람도 있다는 것을요. 과연 아무것도 안 하는 것도 괜찮은 걸까요?

#자유시간 #여유

 한부용

  강박감과 압박감은 사회가 만든 어쩔 수 없는 현상이라고 생각해요. 모든 사람은 불확신한 미래로 인해 생기는 고민과 걱정 때문 같아요. 지금 만약 이런 압박감이 생겼다고 하면, 자신을 위한 휴식이 필요한 시점이라고 생각해요. 이런 휴식의 기준은 사람마다 다릅니다. 아무것도 하지 않는 것도 휴식이 되고, 책을 읽는 것도 휴식이 된답니다. 심지어 주말에 회사에 출근해서 편안하게 일하는 것 또한 휴식이라고 생각하는 사람도 있답니다. 만약 가장 마음이 편하게 쉴 방법이 아무것도 하지 않는 거라면 그렇게 자신을 위한 시간을 보내는 것이 가장 좋은 방법 같아요.

 진선이

  요런 느낌 압니다. 나도 같은 생각할 때가 많아요. 몸과 머리가 따로 놀며 자꾸 부딪칠 때가 있어요. 다른 날보다 시간적 여유가 생기면 머리로는 '책 읽어야지, 글 쓰고 수정해야 할 것도 많잖아. 살 뺀다며 운동 안 할 거야.' 마음의 소리가

외치면 가슴이 조여와요. 그렇지만 시치미 뚝 떼고 한 귀로 듣고 한 귀로 흘려보내요. 몸이 생각을 먼저 지배하죠. 이럴 땐 생각을 구겨 휴지통에 잠시 담아 둬요. 몸은 소파와 한 몸이 되어 자석의 N극과 S극처럼 붙어 있어요. 손은 과자 봉지를 향해 있고 눈과 귀는 TV를 보고 있어요. 몸이 머리를 승리로 이끈 거죠. '하루 미룬다고 뭐 큰일 나겠어.' 모든 생각을 접어요. 아침에 하기로 마음먹고 침대로 가요.

 차혜선

 예전에 읽은 소설집 『내게 무해한 사람』에서 <아치디에서>라는 단편이 떠오릅니다. 소설 속 브라질 청년은 한국인 주인공의 '살다'란 단어에 '열심히'를 붙이며 말하는 걸 이상하게 생각해요. 브라질 청년에게는 삶이란 일이 아니었거든요. 한국인 주인공을 보며 나 자신을 보는 것 같았어요. 열심히, 다그치며, 치열하게 같은 수식어를 붙인 삶을 살았어요. 허투루 살고 싶지 않았고, 그럴 조건도 되지 않았거든요. 열심히 살아왔고, 그렇게 사는 사람을 좋아했어요. 브라질 청년

의 시선으로 주인공을 보다가 결국 울어버렸어요. 사는 건 일이 아니고, 우리는 매 순간을 충분히 느끼며 살아야 하는데, 왜 그렇지 못하는 걸까요.

 오영주

 해야 할 일이 있는 와중에 여유가 생기면 많은 사람들이 여유를 즐기지 못하고 압박감을 느끼는 것 같아요. 해야 할 일들이 다 끝난 뒤에도 그런 경우가 있죠. 여유와 압박이라, 정반대지만 왜 같이 따라와 제대로 쉬지도 일하지도 못하게 하는지 속상하네요. 뭔가 해야 할 것 같을 땐 일단 일부러 아무것도 안 하려고 해봐야 하는 것 같아요. 한참을 아무것도 안 하려고 버둥거리다 보면 보일 거예요. 내가 그 상태로 유지해도 될지, 박차고 일어나 빨리 무언가를 해야 할지 말이에요. 나는 꼭 해야 하는 건 아니지만 해야겠다 마음먹은 일이 있는 상황에서 일단은 가만히 앉아서 시계를 보며 멍을 때려본 적이 있어요. 그러다 문득, 그 일을 해야 한다는 생각이면 빠르게 해치우거나, 안 해도 된다는 결론이면 더 가만히

쉬다가 다른 해야 할 일을 하기도 해요. 어떤 상황에서 강박감과 압박감이 느껴질 땐 오히려 잠시 내려놓는 게 필요할지도 모르겠어요. 그러다가 여유라 불릴 수 있는 때에는 더욱더 내려놓고 일이 아닌 것만 하는 거예요. 쉬어봐야 쉴 줄 알고 경험해 봐야 무엇을 하며 여유를 부릴 줄 알 테니까요.

 최은수

나도 과거에 같은 고민을 했었어요. 하루하루가 고통스러웠지요. 시간이 흐르면서 나만 뒤처지는 것 같고, 점차 가치가 없어지는 사람이 되어버린다는 생각이 나를 잠식했어요. 이런 내 생각과 모습 둘 다 너무나도 싫었어요. 그래서 내 인생을 잠시 못 본척하고, 부정적으로 변해버린 나를 치유하고자 찾지 못한 무언가를 찾기 위해 유럽으로 떠났어요. 근데 막상 유럽의 다양한 사람과 지역을 다녀보니, 바다 건너 사는 사람도 사는 게 별거 없더라고요. 그러면서 '내가 사는 삶도 별것이 아니구나'라는 생각이 들었답니다. 의도치 않았지만 자연스럽게 인생에서 무언가를 꼭 해내야 한다는 강박이 사라졌어요. 흐르는 대로 사는 지금이 내 인생에서 가장 편하고 성취감 있는 삶이랍니다.

내향적인 성격이라서 말수가 적은 데다가 주변 사람들이 자꾸 나를 진지하게만 봐서 고민입니다. 진지한 사람보다는 유머러스한 사람이 사람들과의 관계에서 좋은 점이 많잖아요. 그래서 농담도 한 번씩 하면, 사람들이 농담으로 받아들이지 않고, 진담으로 받아들여서 오히려 분위기가 더 안 좋아지더라고요. 어떻게 해야 유머러스한 사람이 될 수 있을까요?

#내향적 #유머러스

 진선이

 나도 유머러스한 사람이 아니라서 유머 감각이 있는 사람이 부러울 때가 많아요. 유머 감각이 뛰어난 사람은 정숙한 분위기를 유머 한 마디로 바꾸는 걸 보면 어떨 때는 감탄이 나올 때도 있고요. 웃으려고 던진 유머가 갑자기 싸한 분위기로 돌아올 때면 민망하고 쑥스러울 때도 있지만 그 분위기를 견뎌요. 유머책을 읽고 따라 해 보려고 해도 어렵더라고요. 그래서 흉내 내기보다 모인 자리 분위기 흐름을 타고 가요. 다른 사람에게 묻어가는 작전으로 적절하게 웃어주고 반응하며 분위기를 맞춰요. 그렇다고 억지로 하지는 않아요. 분위기에 공감해 주는 거죠. 뚱한 얼굴보다 웃는 얼굴이 예쁘잖아요.

 위기은

 유머 있는 사람은 유머가 몸에 배어있는 것 같아요. 말 한마디로 주변 사람들을 웃기는 게 부러워서 나도 유머 있는 사람이고 싶었어요. 그렇지 않아도 생각이 많은데 웃음을 주려고 하니

까 속으로 '이 말을 할까, 저 말을 할까' 고민하다가 대화 주제가 바뀐 줄 모르고 말을 해서 분위기를 싸하게 만들기도 하고, 말실수도 했어요. 나는 뭘 하려고 하는 것보다 있는 그대로의 나를 보여주는 게 관계를 유지하는 것에 도움이 되었고, 웃기려고 한 게 아닌데 나의 반응에 웃음이 터지는 날을 만나기도 해요. 유머는 없지만, 다른 이의 유머에 웃으며 살고 있어요. 우리는 유머 있는 사람을 위해 웃어주면 어떨까요?

 전지적 아아

누가 내 고민을 대신 적었네요. 나도 주변 사람들에게 웃으라고 이야기했는데, 대부분 다큐로, 아주 진지하게 받더라고요. 내가 말만 하면 진지해지고, 분위기 무거워지는 것이 싫어서 사람들과 모일 때는 오히려 입을 다물고 있어요. 그러니까 사람을 더 진지하고 사람 말 잘 들어주는 사람으로 생각하는 악순환이 생겼습니다.

대학생 때 위트 있는 사람이 되고 싶어서, 주변에서 재미있다고 이야기 듣는 사람 말투와 단어 사용을 따라 해 봤어요. 처음에는 어색했는데,

시간이 지나면서 나만의 개그 비슷한 말투가 되더라고요. 거기에 자기 개그 코드와 맞는 사람이 한 명 생기면, 그 사람에게는 내가 완전 재미있는 사람이 되더라고요. 〈슬기로운 의사생활〉에서도 익준이가 하는 개그를 송화는 항상 재미있어하는 것처럼요. 그런 한 명이 주변에 생기니까 점점 입이 풀리면서 가끔 개그맨이 되더라고요. 그렇게 하나하나, 차근차근 이미지를 바꿔나가니까, 최근에 나를 보는 사람은 가끔 실없는 농담 잘 던지는 사람으로 알게 되더라고요.

 나리

다른 사람에게 웃음을 주고 싶다는 생각 자체가 드는 이를 미소 짓게 하네요. 타인을 웃게 만드는 건 생각보다 훨씬 더 어려운 일이에요. 사람을 웃게 만드는 데에는 다양한 방법이 있죠. 재미있는 말로 상대방을 웃게 할 수 있고 행복한 감정을 불러일으켜 웃음이 나게 만들 수도 있습니다. 타인에게 웃음을 주고 싶다는 따뜻한 마음을 상대방도 분명히 느낄 거예요. 진심이 닿는다면 살며시 입가에 미소를 띠게 될 것입니다. 내향적

이고 진지한 사람이 주는 웃음만큼 묵직하고 여운이 오래 가는 웃음도 없죠. 지금 당장은 웃지 않더라도 일상생활에서 문득 떠올라 자신도 모르게 미소 짓게 될 거예요.

 한부용

 개그를 해야겠다는 마음으로 애쓰지 않았으면 좋겠어요. 그대는 그냥 그대의 모습일 때가 가장 아름답고 멋있거든요. 애쓰면서까지 타인을 웃기려고 노력하지 않아도 좋아요. 본래의 자신 모습을 받아들이고 아껴주세요. 왜냐면 어떤 유머러스한 사람들은 아무리 진지하게 이야기해도 장난처럼 받아들여 속상해하고 있을 테니까요.

내 이야기 들어줄래요?

40대 초반 미혼입니다. 비혼주의는 아니지만 적극적으로 결혼을 하려고 노력하는 유형도 아닙니다. 자연스러운 만남을 선호하지만 딱히 기회를 만들 일도 시간도 여력도 없습니다. 주위에서 선이나 소개팅이 가끔 들어오는 데 정말 마음에 들지 않습니다. 계속해서 만나고 싶은 생각이 나지 않아요. 상대방의 학력과 연봉 자산은 고려하지 않습니다. 나보다 나이가 들어 보이지 않고 약간의 대화라도 되면 좋습니다. 눈이 높지 않다고 생각하는데 주위에서는 눈을 낮추라고만 합니다. 그러다 보니 더 나이가 들면 외로울 것 같지만 당장은 결혼이 간절하진 않습니다. 지인들 말로는 조금만 지나도 이제 선이나 소개팅은 들어오지 않는다고 합니다. 정말 지금이 결혼을 준비할 수 있는 마지막 시기인가요? 그리고 평범한 사람을 만나겠다는데 내가 눈이 높은 건가요?

#미혼 #결혼

 위기은

　나는 결혼한 사람이에요. 결혼에 대한 고민을 하는 친구들에게 아이를 낳고 싶다면 결혼을 조금이라도 일찍 하면 좋겠고, 그렇지 않다면 굳이 결혼하지 않아도 된다고 말해요. 시간이 흘러 혼자의 외로움을 느낄 수 있지만, 그때 사랑하는 사람이 나타날 수 있다고 생각해요. 지금, 혼자만의 삶이 좋다면 지금을 충분히 즐기면 좋겠어요. 훗날의 외로움이 걱정되어서 마음에도 없는 결혼을 한다면 아쉬움이 남을 거예요.

　나도 자연스러운 만남을 추구하는 사람으로 한동안 연애를 하지 않았던 적이 있어요. 눈이 낮다고 생각했는데 주변에서는 내가 사람의 마음을 보기 때문에 눈이 높다고 말하더라고요. 그 말을 듣고 지금까지 내가 말하고 생각하던 사람의 모습을 다시 생각해 보니 눈이 높았다는 것을 알게 됐어요. 어디선가 '자신이 눈이 낮다고 생각하는 것은 자신이 만나는 사람을 낮추는 일이고, 그런 못난 사람을 만나고 있는 것'이라는 말을 들었는데, 이 말을 듣고 난 후 눈이 높음을 인정하게 됐어요. 누군가를 만날 때 내가 상대방보다 훨씬 부족하다고 생각했었거든요. 그리고 나는 평범함이 부족하지도 많지도 않은 적당함인데, 적당함은 가늠하기 어려운 말이라 평범함 또한 어렵다고 생각해요. 자신이 원하는 사람의 모습에 대한 기준과 어떻게 삶을 살고 싶은지, 결혼과 혼자의 삶에 대해 다시 생각해 보면 좋겠어요.

 박현경

눈을 낮추지 말아요. 인연은 하늘에 떨어진 깃털이 바늘귀 위에 앉는 것에 비유되곤 합니다. 스치는 인연도 엄청난 확률로 만나는 셈입니다. 하물며 평생을 함께할 사람을 만나는 것이 쉬울 리 없습니다. 결혼은 (보통의 경우) 평생을 함께할 결심으로 내리는 인생의 가장 큰 결단이자 이벤트. 만남의 기회가 줄어든다거나 외로울지도 모른다고 인생 최대의 문제를 떠밀리듯 결정할 수 없지요. 물론 많은 사람들이 수월하게 만나고 결혼이라는 문을 잘 통과하는 것 같아요. '일에는 때가 있다'는 말로 비슷한 시기에 비슷한 결정을 해야 한다고 말합니다. 하지만 실제로 삶의 많은 순간들에 정해진 시기는 없어요. 결혼도 마찬가

지라고 생각합니다. 세상의 기준이 나의 기준이 될 순 없어요. 본인의 삶에 충실하다면 외로워질 것을 걱정할 필요는 없을 듯합니다. 자신만의 기준과 시기를 찾으시길.

 차혜선

 사람마다 다르겠지만 40대 중반 이후가 되면 선이나 소개팅 기회는 거의 없을 겁니다. 주선하는 사람 입장은 비슷비슷하거든요. 괜히 욕먹고 싶지 않은 마음. 슬픈 얘기지만 40대엔 외모, 가족, 상황, 직업, 성향까지 모든 게 확연히 나뉘어요. 법륜스님 즉문즉설을 보았어요. 보통 본인은 눈이 높지 않다 생각하지만, 상당히 높다는 상담이 있었어요. 결혼을 싫은 사람과 하면 당연히 안 되죠. 그러나 연애도 아닌 만나보는 건 알아보는 과정이잖아요. 눈을 낮추고 일단 만나보세요. 다만 결혼을 그렇게까지 하고 싶진 않다면, 하지 않는 것도 답이라 생각합니다. 결혼과 행복은 별개니까요. 혹은 늦게 사람을 만날 수도 있는 법이죠. 삶이란 아무도 모르는 거니까요. 무엇을 '정말' 원하나요? 일단 자신의 마음을 들여

다보는 게 먼저입니다.

 진선이

 나는 기혼자입니다. 결혼 전에는 비혼까지는 아니지만 딱히 결혼할 마음은 없었어요. 나와 마음 맞는 사람을 만날 수 있을까. 그 사람과 평생 같이할 수 있을까. 이런 고민이 있었답니다. 솔직히 남자에게 경제적으로 기대고 싶은 마음이 없었기에 결혼 당시 경제력은 크게 문제가 되지 않았지요. 가장 우선으로 생각했던 것은 성실함과 나에 대한 사랑이었어요. 물론 취향도 고려했죠. 살아보니 취향이 다 맞지는 않아요. 서로 봐줄 건 봐주고 양보할 건 양보하며 살고 있어요. 지금 당장 결혼이 필요치 않다면 본인의 생각을 밀고 나가라고 말하고 싶네요. 꼭 결혼의 시기가 정해져 있는 것은 아니잖아요. 누군가 정해 놓은 틀에 맞춰 가지 말고 자신이 정한 기준에 맞춰 가세요. 내 인생을 타인이 대신 살아주는 것은 아니잖아요. 결혼을 서두를 필요는 없지만 좋은 사람이 생겼으면 좋겠네요.

옆자리 사람인데요,
고민이 있어요

>

평범한 직장인이에요. 주변에 출근 전, 퇴근 후의 시간을 활용해서 자기 계발을 하는 사람들을 보면 부러워요. 시간을 활용해서 공부를 비롯한 무언가를 하고 싶은데 피곤하고, 집중이 되지 않아 딴 생각을 하게 돼요. 특히 퇴근 후 잠을 자기엔 시간이 너무 아깝게 느껴져요. 결국 휴대전화를 보는데 보고 나면 더 피곤하고 지금까지 무얼 했나 싶어 허무해요. 피곤하더라도 시간을 알차게 보내고 싶어요. 어떤 마음으로 어떻게 하면 시간을 알차게 보낼 수 있을까요? 주어진 시간에 집중할 수 있는 방법은 무엇이 있을까요?

#직장인 #시간

 오영주

 일단은 동기가 필요한 것 같아요. 다들 한다고 나도 해야지가 아니라, 필요하기에, 하고 싶기에 하는 마음이요. 나는 요즘 외국어를 공부해요. 외국인 손님들이 올 때마다 내 모자란 외국어 실력에 자괴감이 들더라고요. 그래서 내가 하고자 하는 말을 그나마 전달할 수 있게 외국어 공부를 하자 마음먹었어요. 그렇게 외국어로 한마디 한마디 더 할 수 있는 걸 느끼고 나선 짧은 시간이지만 일주일에 이틀은 외국어 공부에 투자하고 있답니다. 일단 나처럼 시작할 동기와 유지할 수 있는 재미를 찾아보고 매일이 아니어도 할 수 있는 걸 찾아봐요.

 위기은

 나와 같은 고민을 하는 사람이 있다니 반갑고, 명쾌한 답변이 아닐 것 같아 미안해요. 나는 아침보다 저녁에 힘이 없고, 집중력이 짧은 사람이라 혼자 무얼 한다는 계획은 대부분 실패해요. 그래서 아침 일찍 일어나 움직였어요. 물론 계획

한 대로 움직여지지는 않지만 멍이라도 때릴 수 있었고, 회사에 가는 발걸음이 가볍게 느껴졌어요. 여전히 퇴근 후 시간은 아깝게 느껴지지만 체력이 따라주지 않아서 어쩔 수 없음을 계속 되뇌어요. 무얼 하지 못한다는 것을 신경 쓰는 바람에 몸이 더 피곤한 것 같아 몸을 편하게 하는 것에 집중하기로 했어요.

 박현경

 실제로 할 수 있는 환경을 만들어야 합니다. 바쁜 일정을 소화하면서도 자신만의 성과를 쌓아가는 사람들은 시간 관리 능력이 탁월합니다. 시간을 관리하는 첫 번째 단추는 자신의 시간을 잘 아는 것에서 시작해요. 먼저 하루 일과를 꼼꼼히 적어 봅니다. 아침에 눈 뜨고, 화장실 가고, 아침을 먹고, 출근하고, 일을 하며, 중간중간 쉬고, 점심을 먹고, 하루의 시간을 어떻게 보내는지, 퇴근은 어떻게 하는지, 약속은 어떨 때 많은지, 귀가 후에는 무엇을 하는지 등등. 아주 세밀하게 적어 보는 거죠. 길면 일주일 혹은 이삼일만 적어 봐도 본인의 일과가 눈에 들어온답니다. 생각보다 자투리 시간이 많아요. 출퇴근 시간에 강의를 들을 수도 있고, 앉아간다면 독서도 가능합니다. 시간을 먼저 만드는 거죠. 다음은 목표를 정합니다. 목표는 자신이 원하는 것도 좋고, 해보고 싶은 것도 좋아요. 중요한 것은 분명히 정하는 것이 좋다는 겁니다. 언제까지 무엇을 한다! 그런 다음은 목표를 쪼갭니다. 예를 들어 책을 읽고 싶다면, 읽고 싶은 책과 언제까지 읽을지 정한 후, 하루 읽을 분량을 정하는 거죠. 자격증은 더 손쉽게 목표를 정하고 쪼갤 수 있겠죠. 마지막은 본인에게 줄 상을 정합니다. 숙제를 잘한 아이에게 상을 주듯. 마음만으로는 안되더라고요. 무조건 덤비는 것보다는 알고 시작하는 게 성공 확률이 높은 것처럼 나를 움직이는 것도 나에 대해 알고 시작하는 것이 중요합니다.

 원인

 현재 공부를 하고 있고, 앞으로도 조금씩일지라도 평생 공부와 함께하고 싶다고 생각하고 있지만, 피곤하고, 집중도 안 되는 경우가 많았어요. 공부를 하겠다면, 우선 자투리 시간을 활용할 수 있는 공부를 먼저 추천하고 싶어요. 자투리 시간이 있다면 그 시간에 휴대전화를 이용해 15분일지라도 공부를 매일매일 하는 것에 주안점을 두는 거죠. 쉴 때는 쉬어야 하는데, 쉬어야 할 때조차 즐겁지 않고 마음이 무거우면 주객이 전도되는 거잖아요. 동기가 강하지 않을 때에는 시간에 치이면서 내용이 무거운 공부를 처음부터 시도하기엔 힘들 것 같아요. 접근성이 좋고 투자 시간이 적은 방식과 귀가해서 접근해야 하는 공부로 쪼개서 유동적으로 조절하는 것도 괜찮은 방법이라고 생각합니다.

만약 공부가 아니라 다른 방식으로 시간을 보내고 싶다고 해도, '적더라도 꾸준히, 그리고 즐겁게'를 생각했으면 해요! 하고 싶은 것들이 무엇이고 시간과 품이 얼마나 들어가는지 알고 시작했으면 좋겠어요. 즐거워야 끝까지 잘할 수 있더라고요. 요즘 영어 원서 읽기를 시작했는데, 재미를 느끼고 습관을 만들어 가는 게 중요할 것 같아 만화책을 선택했어요. 보람 있고 알찬 시간을 만들기 위해 자신을 너무 힘들게 하지는 말도록 해요. 부러움과 허무함을 없애는 방법으로는 마음을 다잡고 시간을 사용하는 방법만이 아니라, 작은 것으로도 행복함과 휴식을 즐기는 마음가

짐으로도 사실 달성할 수 있는 거거든요!

 우울증이 낫지 않아요. 병이 없던 시절의 일상이 거짓말 같아요. 회복될 거라는 기대는 없고, 그냥 함께 살아야만 하는 짐처럼 느껴지네요. 우울증과 함께하는 삶이 괜찮을 수 있을까요?

#우울증 #삶

 위기은

  나아지고 싶고, 행복해지고 싶은 마음을 품고 있다면 우울증이 있어도 괜찮은 삶을 살 수 있어요. 나아지고 싶은 마음이 있음에도 "나는 우울해.", "우울해서 뭘 해도 안 돼."라는 생각과 말을 반복해서 한다면 나아지기 어려워요. 우울증을 외면할 수도 있었을 텐데 우울증과 함께하는 삶에 대해 고민으로 남길 수 있다는 건 움직일 힘이 있다는 것으로 보여요. 지금 할 수 있는 작은 일을 시작했으면 좋겠어요. 나는 우울 속에 머무르고 싶지 않아서 눈을 뜨면 밖으로 나가 걸었어요. 우울로 가득 차서 세상에 무서울 게 없다고 생각한 내가 춥고, 캄캄한 새벽하늘이 무서워서 마음속으로 '이게 맞나'라는 생각을 하는 모습에 웃음이 나더라고요.

 나리

  끝이 보이지 않는 터널을 하염없이 걷는 듯한 기분, 잘 알고 있어요. 우리는 해야 할 일이 너무나 많습니다. 회사, 학교, 가족 등 우리가 속한 모

든 집단에서뿐만 아니라 심지어 혼자 있을 때에도 수많은 '해야 할 일'에 둘러싸여 있습니다. 그것들에 잠식되어 숨이 막힐 때쯤 우울증이 찾아옵니다. 우울증이 짐처럼 느껴지는 것도 이것과 같습니다. 우울증에 걸린 사람은 무책임한 사람이 아니라 그 누구보다 책임감이 강한 사람이에요. 이제는 짐을 좀 내려놓아 볼까요? 수많은 해야 할 일 중 딱 하나를 안 해보는 거예요. 처음에는 어색하고 불안할 수 있습니다. 그 일을 하지 않으면 큰일이 생길 것만 같죠. 그러나 막상 일어난 결과는 생각보다 나쁘지 않을 수도 있어요. 사실 그것은 꼭 해야만 하는 일이 아닐지도 모릅니다. 이렇게 '하지 않기'를 조금씩 늘려보세요. 나 자신에게 무언가를 하지 않을 자유를 주는 거예요.

 원인

우울증 때문에 힘들었던 적이 있어요. 솔직히 어떻게 나았는지 모르겠습니다. 하지만 그때 생각했던 것들은 제법 선명하게 기억이 납니다. 분명 건강했던 시절에는 이렇지 않았던 것 같은데,

몸이 좋았던 시절은 다 잊어버리고, 원래 삶이 이렇게 생겼던 것처럼, 처음부터 내가 이런 사람이었던 것처럼, 항상 힘들었던 것처럼, 나는 원래 그런 사람이어야 한다는 것처럼. 작은 것 하나 하는데 이렇게 힘든데, 남들과 비슷하게 보이려고 애를 쓰는 게 이렇게 힘겨워, 불합리하다는 생각도 들었어요.

나을 것이라는 생각이 전혀 들지 않아 평생 이렇게 살아야 하는 줄 알았습니다. 하지만 결국 나았습니다. 그러고 나면 언제 그랬냐는 듯이 나처럼 과거를 회상할 수 있게 되는 거겠죠. 솔직히 지금 힘든 상황에서는 이 말이 별로 안 와닿을 것 같아요. 과거의 나를 기준으로 이야기를 했는데, 과연 이 말들을 납득해 줄지 모르겠습니다. 하지만 진심으로 여기까지는 말할 수 있을 것 같아요. 인생이 항상 예측하지 않은 방향으로 흐르고, 생각해 본 적 없는 사건들이 일어나면서 이 자리까지 오게 되었던 것처럼, 지금 이 순간 역시 남은 인생의 한순간이고 언젠가는 전부 과거가 된다고요. 단지 지금처럼 할 수 있는 것에 최선을 다하면서 살라고요. 그게 전부 후회하지 않을 행복이라고요.

 한부용

 우울증은 슬픈 상황에서 슬픔을 더 많이 느끼는 것이 아니라, 좋은 일을 즐겁게 느끼는 게 적어서 생기는 우울장애라고 해요. 그러기에 우울증의 원인을 모르는 상황에서 내가 해줄 수 있는 말은 단순하게 "다른 사람의 생각을 무시해라." 말해주고 싶어요. 다른 사람들이 당신을 어떻게 생각할지 고민하고 걱정하지 마세요. 그들은 생각보다 당신에 대해서 좋게도 나쁘게도 크게 생각하지 않거든요. 그러기에 사람들의 시선에 겁먹지 말고 당신의 삶을 가치 있고, 즐겁게 살 방법을 찾아봤으면 좋겠어요. 뭔가 우울증과 함께하는 삶은 슬픔이 가득 차 있을 거 같잖아요. 스스로 왜 우울감이 늘었는지 생각해 보고, 예전에는 어떤 것이 즐거웠는지 생각해 보면서 쪼그라든 풍선에 바람을 불어 넣는 것처럼 천천히 노력해 보길 바라요. 그러다 보면 풍선처럼 자존감이 빵빵해져 새로운 세상에서 행복하게 살아갈 수 있을 거라고 믿어요.

내 이야기 들어줄래요?

내 이야기 들어줄래요?

❝

  아직 미혼인 서른 중반을 넘긴 직장인입니다. 부모님 세대는 평생직장이라는 개념처럼 수십 년 근속이라는 것도 가능한 시절이었습니다. 하지만 지금은 변화와 혁신이 급박한 사회라서 잘 적응하고 만족하는 회사에 다니면서도 항상 앞날이 걱정됩니다. 직장이나 경제적인 문제는 내가 걱정을 한다고 해서 큰 변화를 가질 수 있는 것은 아니지만 적어도 나이 들어서 살아가는 삶에 관한 결정은 내가 하고 싶어요. 노후에 대한 계획을 코앞에서 고민하지 않고 지금부터 하나씩 준비해서 은퇴 이후를 탄탄하게 살고 싶습니다. 은퇴 이후의 삶을 어떻게 살아가야 할까요? 일이든 취미생활이든 도움이 되는 이야기를 해주면 좋겠습니다.

#노후 #은퇴

원인

 은퇴하시거나, 은퇴 시기의 어른들을 보니 비슷한 생각이 들더라고요! 많은 고민들이 있지만, 그럼에도 나이가 들어 멋지게 사는 어른들도 뵙게 됩니다. 두 번째 삶을 사는 것 같은 분들을 보면 큰 직업 전환이 있음에도 배움의 연장선으로 여기고, 기회가 찾아왔을 때 장애물을 극복하고 그걸 붙잡아볼 생각을 했던 분들이었어요. 매 순간 새로운 것을 배우고 경험한다고 생각해야 살아남을 수 있겠다고 생각해요.

 최은수

 사람은 결국 놀기만 하며 살 수 없다고 생각하고 있기 때문에, 은퇴가 없었으면 좋겠어요. 그러기 위해서는 능력이 있어야겠지요. 먼 미래에는 인공지능으로 인해 많은 직업이 사라질 예정이라고 생각해서 법적으로 보호받는 전문자격증을 따볼지 생각했었는데 생각보다 재미도 없고 이 일을 하면서 여생을 살고 싶지는 않더라고요. 그래서 그냥 마음 편하게 내가 좋아하는 것을 하

면서 여생을 즐겨야겠다고 생각해 보니까 답은 간단했어요. 나는 칵테일과 글쓰기가 좋으니, 칵테일 바를 차리고 싶더라고요. 돈벌이가 목적이 아닌, 여생을 즐기기 위한 일로요. 바텐더는 인공지능이 침범할 수 없는 휴머니즘 가득한 직업이기도 하니까 대화를 좋아하는 나에게도 잘 맞을 것 같다는 생각에 벌써 미래가 기다려지고 있어요. 일상에서 소소하면서도 좋았던 것을 미리 챙겨두길 바랄게요. 아직 없었다면 취미를 찾는 것을 취미로 삼는 것이 어떨까요?

 나리

은퇴 이후의 삶을 떠올리면 아직은 막연하게 느껴집니다. 당장 하루, 한 달도 대비하기 힘든데 몇십 년 후의 삶을 대비하는 것이 과연 가능할까요. 경제적인 대비를 말하는 거라면 다양한 방법을 이미 알고 있을 거라 생각합니다. 은퇴 이후 꿈꾸었던 삶을 살기 위해서 가장 중요한 것은 마음가짐이라고 생각해요. 더 가지기 위해 노력하기보다는 도움이 필요한 이들에게 내가 어떤 것을 해줄 수 있는가를 생각하는 사람. 길가에 떨

어진 쓰레기를 망설임 없이 주워 쓰레기통에 버릴 수 있는 사람. 아침에 뜨는 해를 보며 오늘도 무사히 하루를 시작할 수 있음에 감사하는 사람. 소소한 것에 기쁨을 느끼며 타인의 상처를 어루만질 수 있는 사람. 오랜 시간 꿈꿔왔던 은퇴 이후의 삶은 이러한 사람이 되는 것입니다. 삶을 대하는 태도는 하루아침에 길러지는 것이 아니라 오랜 시간 노력하여 만들어 나가는 것이죠. 나 자신만을 위하기보다 나를 둘러싼 우리를 생각하며 살아간다면 현재의 나와 미래의 나 모두 조금은 더 행복해지지 않을까요.

 글_썽

 기대수명이 길어진 만큼 노년의 시간도 길어졌지만 질적으로는 오히려 절박할 정도로 윤기를 잃어가는 것은 현실이지요. 건강수명을 보장할 수 없는 만큼 노후의 경제력만큼 노년의 일과 취미생활은 그 중요성이 커졌다고 봐요. 지금의 기성세대들은 그런 생각을 해본 적 없는 시대를 살아서 은퇴자들로 살아가는 시간들이 막막하다는 이야기를 듣곤 해요. 내 남편은 몇 년 전에 은퇴

자의 삶을 시작했어요. 선배님들의 고충을 들어도 귀에 들어오지 않았던 남편에게 닥친 것은 현실이었어요. 남아도는 시간과 마땅히 할 일이 없다는 점과 다시 일을 시작하기에는 이전 직장과 연계점을 찾기가 쉽지 않았다는 거지요. 한걸음 물러서서 바라본 내 생각은 이랬어요. 쉽지는 않겠지만 은퇴라는 시점을 기준으로 새 학년이 되었다는 생각을 먼저 가져야 해요. 새 학년이라면 마땅히 새로운 공부를 해야 하겠지요. 그래서 노년까지 이어질 수 있는 기술을 하나쯤 배워놓았으면 해요. 평소 관심 있던 분야의 기술이라면 더욱 좋고요. 소형 중장비 운전이나 목공예도 좋고요. 몰입하지 않아도 긴 시간을 두고 즐길 수 있는 기술을 배우는 거지요. 또한 취미생활로는 여러 가지를 권하고 싶어요. 집안에서 하는 것과 밖에서 하는 것, 혼자서 하는 것과 배우자와 하는 것, 동성 친구들과 하는 것과 부부 모임에서 하는 것 등 다양한 활동을 미리 해놓으면 훗날 노화되어 가는 내 몸 상태와 줄어드는 사회관계 속에서도 소외되거나 외롭지 않은 시간들을 보낼 수 있을 거예요. 나는 독서와 글쓰기는 호호 할머니가 되어도 하겠다는 마음으로 꾸준히 해요. 골프는 남편과 부부 모임에서 할 수 있는 거라서 스크린

골프장에서 즐기지요. 혼자서 산책을 즐기거나 미술관, 박물관 나들이를 해요. 피아노 연주라든지 그림을 그리는 것도 노년의 시간을 위해 짬짬이 배우고 있어요. 어느 날 갑자기 노년의 시간을 즐길 수는 없나 봐요. 지금부터 평소 자신이 하고 싶었던 일들부터 취미 삼아 간간이 해보는 것을 권해요. 아마도 가장 풍요로운 활동을 하는 시간으로 나이 듦을 바라볼 거라고 믿어요.

>

어릴 때부터 하고 싶은 것을 일찍 포기하는 경우가 많았습니다. 친구들과 놀고 싶어도 부모님께서 말리면 하지 않았고, 사고 싶은 것이 있어도 경제적 형편 때문에 말하지 않았죠. 배우고 싶은 것이 있고 하고 싶은 것이 있어도 주변 환경 때문에 계속 포기를 했습니다. 물론 지금의 내 모습에 만족하지만, 어느새 나만의 모습과 색을 잃어버린 것 같아요. '나'라는 사람이 원래 무엇을 좋아했고, 어떤 것을 하고 싶었는지 떠올려서 지금이라도 해보고 싶은데 잘 떠오르지 않아요. 지금 주어진 환경에 맞춰서 살아야 한다는 생각이 머리를 떠나지도 않고요. 어떻게 해야 다시 '나' 자신을 찾을 수 있을까요?

#나 #모습

 박현경

　많은 사람들이 성장 과정에서 닳기도 하고, 다듬어지기도 합니다. 지금 내 모습이 나만의 색이 없는 것 같고 개성도 부족한 것 같아 고민이 될 수 있어요. 하지만 특별한 것만 소중한 것은 아닙니다. 평범하고 무난한 것도 균형감 있고 안정감을 줍니다. 어떤 과정을 거쳐왔던지 앞으로 나의 모습도 경험과 관계들 속에 변해가지 않을까요? 우리 몸의 세포들도 일정 주기가 지나면 모두 새롭게 바뀐다고 합니다. 애초부터 정해진 모습이 없다면 지금까지 변해왔듯 앞으로도 변해갈 수 있다고 믿어요. 지금의 나를 진단하려면 기록을 해보는 것도 좋습니다. 매일 내 모습, 좋아하는 것, 싫어하는 것, 마음이 쓰이는 것, 상처를 받는 것, 주변 사람과의 관계, 무의미하고 소소하게 느껴져도 적다 보면 새로운 나를 발견할 수 있습니다. 매일 비슷한 기록들이지만 쌓여가며 내가 어떤 사람인지 알아갔습니다. 무심결에 보는 유튜브 영상, 드라마, 기사들도 그냥 흘려보내지 말고 떠오르는 생각들을 적어봅니다. 어떤 렌즈로 세상을 보는지 가늠할 수 있습니다. 별거 아닌 기록이 '나에 대한 설명서'로 바뀌는 순간입

니다. '일상 기록'을 활용해 봐요. 어떤 모습이든 내가 나를 인정해 주고 대접해 주는 것. 거기서 출발!

 한부용

 먼저 좋았던 순간을 기억해 보는 거는 어떨까요? 왜 그 순간이 좋았는지 생각해 보세요. 그 순간 나의 모습은 어땠는지 생각해 보면 좋겠어요. 그리고 조금씩 움직여보세요. 그 순간 나의 모습을 생각해 보면서, 자신을 사랑하고 아끼고 보듬어주면서 나를 찾아보는 거예요. 사실 나도 5년 전쯤 비슷한 경험이 있었어요. 그래서 상담을 받았어요. 상담을 받으면서 가장 시급한 것은 나의 모습과 회사에서의 모습을 분리하는 것이었어요. 행복을 위해서는 내가 가장 중요한 만큼 타인에게 보여주는 모습에 애쓰지 말고 자신의 본래 모습에 집중이 필요한 것 같아요. 기회가 된다면 상담을 받아보는 것도 좋은 방법이 될 거 같아요.

나리

  나 자신을 찾는 과정은 누구에게도 쉽지 않습니다. 어른이 된다는 건 좋아하는 것보다 해야 하는 일에 우선순위를 두며 살아 나가는 과정인지도 모릅니다. 너무 거창하게 생각하지 말아요. 오늘 하루 내가 겪었던 일 또는 느꼈던 감정 중 좋았던 것과 싫었던 것을 각각 하나씩 기록해 보면 어떨까요? 오로지 나 자신에게만 집중하는 연습을 해보는 거예요. 아주 사소한 것이라도 좋습니다. '피스타치오 맛 아이스크림을 한입 베어 먹자마자 기분이 좋아졌다.'와 같이 기록하지 않으면 기억되지 않을 단편적인 감각도 좋아요. 하루 이틀 시간이 갈수록 쌓여가는 글처럼 나 자신을 들여다보는 시간도 점점 늘어날 거예요. 이 과정을 꾸준히 반복하다 보면 어느 날 문득 적혀 있는 글들을 보지 않아도 내가 무엇을 할 때 즐겁고 행복해지는지 스스로 깨닫게 될 것입니다.

 최은수

  인간은 참 모순적이에요. 변화를 원하면서도

변화를 원하지 않죠. 물론 나도 최근에 글쓰기를 시작하기 전까지는 계속 모순에 빠져있었답니다. 이제야 인생에 큰 변수 없이 편히 지낼 수 있게 되었는데 왜 '굳이' 글쓰기를 해야 하는지 고민이 많았어요. 나이가 들어가면서 점점 편하고 싶더라고요. 그래도 어렸을 적 해보고 싶은 글쓰기를 눈 딱 감고 시작해 보았는데, 요즘 너무나도 행복해요. 만약에 나였다면 과거에 스스로를 설레게 했던 것들을 한 번씩 다시 해볼 것 같아요. 자신의 색채, 즉 자신을 만드는 건 설렘에서 시작한다고 생각하기 때문이지요. 설렘을 따라가다 보면 자신을 더 사랑하게 되고, 색채를 짙게 만드는 스스로의 모습이 이쁘고 멋져 보이기 때문에 나의 색채를 더 찾게 될 거예요. 그러다 보면 어느새 내가 바라던 모습이 되어있을 거라 믿어 의심치 않아요. 그리고 자신의 색을 바라게 만드는 공간을 벗어날 수 있다면 한 번쯤 시도하는 것도 좋겠어요. 자신의 색을 짙게 만드는 것도 중요하지만, 타인이 나의 색채를 지우는 것도 경계해야 하니까요.

옆자리 사람인데요,
고민이 있어요

　다른 사람들이 나이가 들어 뒤늦게 후회했다는 이야기를 종종 듣고 더 늦기 전에 후회하지 않을 삶을 살아가기로 했습니다. 후회 없이 살기 위해서는 어떻게 해야 할까요? 어떤 식으로 삶을 견디어 나가고, 죽음을 준비해야 할까요?

#후회 #죽음

원인

  성인이 되고 나서 '어떻게 살아야 할까'하는 고민을 시작했어요. 후회 없는 삶을 살자고 생각한 것도 그때쯤이었네요. 그 의미는 '하고 싶은 걸 해야 행복하다'와 거의 흡사했을 겁니다. 하지만 그게 전부는 아니었어요. 모든 것이 내 입맛에 맞춰서 원하는 대로 흘러가지는 않잖아요. 하고 싶은 일들이 항상 선명하게 앞날을 비춰주지는 않겠죠. 단지 좋아하는 것을 추구하는 것이었다면 길을 잃었을 때 어떻게 해야 할지 막막해졌을 수 있다고 생각해요. 그래서 좀 더 크게 봐야 한다고 여겼어요. 나의 후회하지 않는 방법은 '책임'을 인정하는 겁니다. 스스로에게 진술하고, 내린 모든 판단에 책임을 지는 것, 다른 이유를 찾기보다는 나의 능동적인 해석과 판단을 존중할 줄 아는 것. 결국 삶의 군데군데 모든 순간 최선의 판단과 주요한 선택에 의해 이 자리까지 왔음을 기억하는 것. 지나간 것들이 아쉽지 않다는 것은 거짓이겠지만, 그럼에도 수많은 선택을 헤쳐온 이 순간을 내가 결정했음을 인정하는 것. 현재가 오롯이 내 손에 쥐어져 있음을 아는 것만큼 결국 나를 긍정하는 것은 없는 것 같아요. 나의 현존을 이해하고 있어야만 당장 내일 죽어도 덜 후회스럽고, 덜 아쉽지 않을까 생각합니다. 살아가는 것을 죽어가는 것처럼 하는 것 말이에요. 나는 그렇게 죽고 싶어요.

 차혜선

 오랜 시간 동안 항암을 담담하게 하려 노력했지만, 아직도 가끔 슬퍼져요. 아프고 나서 때로는 무겁게, 때로는 가볍게 죽음을 생각한 적이 많았어요. 아프지 않더라도 사람은 누구나 삶을 생각하는 만큼 죽음을 생각하잖아요. 떠나는 사람과 남겨진 사람, 누가 더 힘들까요? 남겨진 사람은 떠나간 사람이 슬퍼 운다지만, 사실은 본인이 슬퍼 우는 거라고들 해요. 어쩌면 떠나는 것보다 남겨지는 것이 더 슬플지도 모르겠어요. 삶과 죽음이란 어떻게 될지 알 수 없는 것이지만, 사랑하는 존재들을 생각한다면 기꺼이 그 슬픔을 내가 가지고, 남겨진 사람의 몫을 하고 싶어요. 남겨진 사람의 몫은 어떻게 해야 할까, 고민하다 보니 삶을 살아가는 것과 죽음을 준비하는 건 결국 같은 게 아닌가 읊조려 봅니다. 그렇다면 떠나는

사람과 남겨진 사람, 누가 더 힘들지는 결국 무의미한 질문이네요. 사는 동안 충분히 후회 없이 사랑하고, 미워하고, 용서하고, 용서받아야겠어요. 충분한 삶, 그게 내가 생각한 죽음의 준비입니다. 그래서 떠나간 후엔 나를 생각할 누군가가 슬픔이 아닌 기쁨과 추억으로 남을 수 있기를 바라요. 먼 훗날, 누군가 생각하면 슬픔이 가라앉은 자리에 따뜻한 미소를 지을 수 있게요.

 박현경

후회하지 않는 삶을 살 수 있을까요? 후회하는 것이야말로 자신의 행동을 돌아보고 개선할 수 있는 강한 동기라고 생각합니다. 그럼에도 후회가 그 자체로 남아서 발목을 잡는다면 과거를 생각하지 않는 것이 나을 수도 있겠네요. 삶이 찬란하고 소중한 것은 우리가 유한한 존재이기 때문입니다. '메멘토 모리'라는 단어는 '자신의 죽음을 기억하라' 또는 '너는 반드시 죽는다는 것을 기억하라'를 뜻하는 라틴어입니다. 고대 로마에서 원정에 승리하고 개선하는 장군의 시가행진에서 노예를 시켜 행렬 뒤에서 큰 소리로 외치게

했다고 합니다. 후회 없는 삶을 걱정할 것이 아니라 죽음을 기억하여 유한한 삶을 어떻게 살 것인가를 고민해야 할 듯합니다. 현재의 성취와 승리에 도취하지 않고, 과거에 발목 잡히지 않는 삶이야말로 지금을 살아가는 지혜이지 않을까요. 누구나 삶을 견디지만, 견딘다는 것이 단지 순간을 모면하기 위한 것이 아닌 주어진 순간에 집중하는 것이 되면 좋겠습니다.

 위기은

나는 문득 과거를 생각하고 후회하는 일이 많아서 미래를 생각하는 일은 드물어요. 우리가 보내는 하루는 모여서 살아온 삶이 되고, 우리의 삶은 우리가 하는 기억들로 이루어져 있다고 해요. 이 말을 듣고 나의 끝(죽음)을 생각해 봤거든요. 끝에는 모든 것을 툭툭 털어내고 웃고 싶더라고요. 후회를 덜 하기 위해 어떤 마음으로 살아가면 좋을지, 무얼하면 좋을지 생각해 보면 좋겠어요. 즉, 어떤 기억들로 내 삶을 채우고 싶은지 생각해 보면 어떨까 해요. 죽음이 두렵지 않게 앞으로의 삶을 꿈꾸고, 내일을 위한 오늘을 잘 살아가고 싶

은 마음이 담긴 책 『좋은 기억으로 내 삶을 채우고 싶어』를 읽어봤으면 좋겠어요. 생각 정리에 도움이 될 것 같아 권해요.

 인생의 목표가 없습니다. 목표를 정하려면 내가 무엇을 하고 싶은지 혹은 좋아하는지 알아야 하는데, 특별한 것 없이 그냥 하루하루를 살고 있어요. 다른 사람들은 올해 무엇을 하겠다거나 몇 년 안에 무슨 자격증을 취득하겠다고 합니다. 나는 딱히 그런 게 없습니다. 1년, 10년 안에 혹은 은퇴하기 전 어떻게 가겠다는 목표도 계획도 생각나는 게 없어요. 무엇을 먹고 싶다거나 어디를 가 보아야겠다는 생각은 들지만, 그게 내 단기 혹은 인생의 목표로 연결될 만한 것들은 아닙니다. 인생의 목표를 정하려면 어떻게 해야 할까요? 내가 정말 하고 싶거나 좋아하는 것을 찾을 수 있는 구체적인 방법이 있을까요?

#인생 #목표

 전지적 아아

내가 무엇을 하고 싶은지, 좋아하는지, 잘하는지는 평생 고민해도 모를 수 있다고 생각해요. 그것을 일찍 깨달아서 관련 업종에 도전하고 성취하는 것이 대단한 것이지, 그렇게 하지 못하는 것이 못난 일은 아니라고 확신해요. 왜냐하면 나는 어릴 때부터 내가 잘할 수 있는 일이라고 생각하고, 좋아하는 것이라고 생각해서 인생의 중간 목표를 얼추 이룬 사람인데, 지금 돌이켜 보면 내가 어릴 때 한 그 생각이 맞는 것인지 의심이 들더라고요.

좋아하는 것, 하고 싶은 것은 이성이 아니라 잠깐 사이에도 변하는 마음이 정하는 것이니까 하나로 정리되는 것이 어렵겠죠. 하지만 인생의 목표는 이성이 더 필요한 것 같아요. 그리고 인생의 목표는 한 번에 딱 하고 정해지는 것은 아닌 것 같아요. 이성적으로 나를 살펴보고, 지금 '나'에 대해 계속 업데이트하면서 인생의 목표를 조금씩 수정해야 한다고 생각해요. 이러다 보면 지금 내가 하고 싶거나 좋아하는 것을 찾을 수도 있지 않을까요.

원인

 열정과 목표가 삶에 항상 같이 있지는 않은 것 같습니다. 삶의 조형이 모두 같지도 않고요. 자신의 마음이 가고 싶은 바를 알고 있다면 괜찮을 것으로 느껴져요. 열정을 불태우지 않는 삶도 본인이 괜찮다면 충분히 괜찮은 삶입니다. 사실, 인생의 의미와 목표가 좋아하는 것을 추구한다고 해서 무조건 이루어지지도 않는다고 봐요. 좋아하는 것과 할 수 있는 것, 해야 하는 것은 시간에 따라 달라지면서 부지불식간에 삶에 찾아 들어오고, 그것을 주체적으로 해석해 받아들이는 내가 있을 뿐인 거죠. 그 길은 역시 '어떤 삶이 괜찮을 것 같은지 생각을 해보는 것'에서 출발할 테지요. 생각해 보면 모든 호기심은 매우 작은 것에서 출발했어요. 삶의 목표 또한 그러면 안 될 이유가 없지요. 기록하는 습관을 가져보세요. 거창한 이유는 없어도 되니, 즐거웠던 시간에 함께 하고 있었던 것들을 찾아보세요. 거창한 목표가 없어도 되니까, 하고 싶은 것들을 적어 가면서 그 이유를 깊이 톺아보세요. 결국 살아감에 기준이 없는 사람은 없는 거예요. 찾아가는 중인 사람과 찾아가는 데 시간이 걸리는 인생이 있는 게 아닐까요.

 최은수

  인생이라는 원대한 시나리오에 목표라는 깃발만을 바라보며 살아야 할까요? 주변의 경치도 보고, 가끔은 샛길에 빠져서 허우적대보는 것도 인생이라고 생각해요. 나는 오히려 인생의 목표가 없어도 일상을 행복하게 영위할 수 있는 사람들이 부러워요. 안타깝게도 나는 목표가 없으면 자아가 깨져버리는 사람이기 때문에, 삶을 유지하려면 인생의 목표가 있어야만 합니다. 최근에 처음으로 내 인생의 목표를 달성할 수 없음을 뼈저리게 인정하고 반년 조금 넘게 폐인으로 살았네요. 무엇을 하든지 재미가 없고, 왜 사는지에 대해 자문자답의 시간을 가지며 나를 괴롭게 했어요. 결국, 스스로를 괴롭게 만든 것은 인생의 목표를 꼭 달성해야만 한다는 생각이더라고요. 최근 다시 세운 내 인생의 목표는 '흐르는 대로 살기'입니다. 대신에 내가 좋아하는 것인 칵테일과 글쓰기를 열심히 즐기려고 합니다.

 오영주

꼭 인생의 목표를 정해놓아야 할까요? 어떤 일을 할 때 목표를 정해놓으면 더 잘할 수 있을지 모르지만, 인생이라는 확장된 범위에서는 조금 다른 것 같아요. 나도 한때는 꿈을 정해두고, 목표를 잡고 살았어요. 근데 막상 어른이 되고 보니 그런 생각들이 내 시야를 좁게 만드는 건 아니었을까 생각해요. 목표를 가지고 있다는 게 문제가 아니라 그 목표를 향하느라 주위를 잘 보지 못하고 지내왔다는 게 아쉬워요. 인생의 목표가 없다고 생각되는 건 어떻게 보면 지금에 만족하고 있다는 의미가 될 수도 있고, 굳이 미래를 생각하지 않고 오늘을 잘 살아내는 것도 좋은 삶이라고 생각해요. 모두가 인생의 목표를 반드시 가지고 있는 것도 아니고, 꼭 장기적으로 잡는 것도 아닐 거예요. 그러니 마음 편히 작은 흥밋거리들 먼저 찾아 즐겨보기도 하고, 그런 단순한 흥미와 재미를 모아 꿈과 목표로 만들어요. 그렇게 지금처럼 탐구하다 보면 어떤 결론에라도 이르게 되지 않을까요? 제일 중요한 건 '남과 비교하지 않기' 같아요.

 진선이

  인생의 목표, 참 어려운 질문이네요. 각자 정한 인생의 목표가 다르겠지요. 나의 인생 목표는 '즐겁게 살며 하고 싶은 것 하며 살자.'에요. 뜻하는 바가 있어 인생의 목표를 세워도 뜻대로 되지는 않더군요. 좋아하는 것과 하고 싶은 것이 일치하는 경우라면 참 행복할 것 같아요. 그렇지만 아닐 때가 많잖아요. 막상 계획을 세워도 변경하고 차선을 선택하는 경우가 생기고요. 나 또한 인생의 목표를 찾아 지금까지 방황하고 있어요. 인생이 성공과 실패만 있는 게 아니잖아요. 무언가를 찾기 위해 방황하는 것도 내 삶 안에 있기에 두려워하지 않았으면 해요. 헤매다 길을 찾을 수 있잖아요. 일단 마음 가는 대로 해 보세요. 좋아하는 거든 하고 싶은 거든. 때론 주변인의 충고가 방해돼요. 내가 어떤 걸 할 때 웃고 있는지 내 안이 충만한지 거울에 대고 물어보세요. "너는 뭐 할 때 즐겁고 행복하니?"

옆자리 사람인데요, 곧 만나러 와야죠

작가의 말

작가의 말 • 글_썽

 어린 시절 세계명작동화집을 마르고 닳도록 읽었어요. 알지 못하는 나라의 수많은 이야기를 읽다 보면 그곳 세상의 사람들 옆에 서 있는 것 같아서 행복했지요. 그때부터 사람들의 이야기를 좋아하는 사람이 되었나 봐요. 마주 앉아서 이야기를 나누면 감정의 파도가 내 가슴속으로 들이치고 한 몸이 된 것처럼 그들의 마음에 이입이 되곤 했어요. 함께 웃고 함께 울다 보면 어느새 내 안에서는 새로운 이야기가 새겨졌고요. 그들과 함께 세상은 커지는 것 같았어요. 사람은 좋은 것만 보고 들으면서 어른이 될 수 없어요. 내게로 다가온 아픔과 타인의 슬픔이 만나서 서로 다독이는 동안 눈물을 지켜내는 두둑이 되어요. 내가 어둠이 되는 동안 당신은 별이 되고, 내가 달이 되는 동안 당신은 해가 되어 쉬어요. 사람답고 어른답고 나다운 과정 안에는 언제나 당신들의 진심 어린 이야기가 있답니다. 빨랫줄을 지탱해 주는 바지랑대처럼 꼭 필요한 존재이지요. 당신의 마음과 내 마음이 만나는 순간들을 감사히 여기며 씁니다.

작가의 말 • 나리

 최근 가장 큰 걱정거리는 아이러니하게도 이 책에 있는 고민에 답을 하는 것이었습니다. 내가 건넨 위로의 말이 그 고민으로 고통받는 이에게 힘이 될 수 있을까 하는 생각에 매일매일 고민하며 수없이 쓰고 지우기를 반복했습니다. 그 어느 때보다 치열하게 타인의 고민과 고통에 대해 생각할수록 끝끝내 외면해 왔던 나 자신을 마주하게 되었습니다. 타인의 고민에 답을 하는 것은 그 누구에게 단 하나의 영향도 끼치고 싶지 않다는 평생의 가치관에 반하는 행위였습니다. 나 자신과 싸워가며 하루하루 글을 써 나갈수록 내가 쓴 글에 담은 나의 진심이 그에게 닿기를 간절히 바라게 되었습니다. 그리고 깨달았습니다. 이것은 타인의 고민이 아닌 바로 나의 고민이라는 것을. 이 책은 내 고민의 흔적이자 내가 나에게 건네는 위로입니다. 타인을 살리기 위해 쓴 글이 사실은 나 자신을 살리려는 간절한 외침이었습니다. 당신의 고민은 무엇인가요. 당신을 살리기 위해 작은 위로를 건네 보는 건 어떠세요.

작가의 말 • 박현경

 읽는 것을 좋아해서 많이 읽다 보니 결국 쓰게 되었습니다. 원래 읽는 것을 좋아했는지, 배워서 그랬는지 알 수 없습니다. 읽으면서 배우는 것이 좋았고, 힘든 일들을 잊을 수 있는 것도 좋았습니다. 앞으로도 부지런히 읽고 배워서 계속해서 성장하고 싶습니다.

 돋보이는 성취와 성장이 아니어도 읽고 쓰며 배우는 삶 자체가 가치 있고 소중하다는 것을 깨닫고 있습니다. 가볍게 쓰던 짧은 글쓰기가 다른 사람의 고민에 응답하는 글쓰기까지 왔습니다.

 비록 조언을 건넬만한 지혜를 갖추지는 못했지만 같은 시대를 살아가는 우리의 고민이 다르지 않음을 알게 되었습니다. 고민에 대한 대답은 나에게 주는 대답과 다르지 않았습니다.

작가의 말 • 오영주

 무엇을 먹을까, 무엇을 할까, 사소한 고민부터 이대로 살아도 괜찮을까 하는 어려운 고민까지 매일이 고민의 연속이에요. 어떤 고민은 혼자만의 생각이나 간단한 질문으로도 쉽게 해결되지만, 누군가에게도 물어보지 못하고 혼자서 고민하다가 끝내 해결되지 못한 고민도 있을 거예요. 혹시 몰라 열어 본 이 책이 누군가의 고민과 걱정에 작은 위로라도 될 수 있다면 좋겠어요. 오늘도 수많은 고민들을 가지고 살아가는 누군가가 당신에게.

작가의 말 · 원인

 솔직한 내 마음을 담아 이야기를 풀어보고 싶었습니다. 모든 답변의 배경에는 이 질문을 읽는 사람이 필요한 도움을 얻었으면 하는 마음이 담겼어요. 밋밋한 문장들이지만 나오기까지 필요한 시간과 깨달음이 있었습니다. 훗날 더 많은 것을 경험하고, 나이를 먹어 돌아온다면 더욱 멋진 말을 남겼을 수도 있겠지만, 누군가에게는 이런 부족한 말이 필요할 것이라고 믿습니다. 내 삶에 솔직하고, 충실하기 위해 남기는 이 책에, 이 순간에도 노력하는 모든 사람들을 위한 응원을 남깁니다.

작가의 말 • 위기은

 여러 생각으로 머릿속이 시끄러운 날이 있어요. 가까운 이에게 말하려니 정리되지 않은 머릿속을 정리하는 게 바쁘고, 별거 아닌 것이라 생각할까 봐 혹은 너무 사적인 것이라 또 만날 얼굴에 창피하고, 나를 아는 사람이라 어떤 말과 행동을 보여줄지 머릿속에 그려져 말하기 어려운 적이 있어요. 새벽감성1집의 익명의 고민 상담소가 궁금하고 좋았어요. 때론 글로 쓰는 고민이 어려워 '아, 말로 했으면 좋았을 텐데'라는 생각이 들었지만, 글로 쓰면서 생각이 정리되기도 했어요. 누군가의 고민에 나와 같은 사람이 있구나 싶어 반가우면서도 명쾌한 답을 드릴 수 없어 미안하고, 토닥임을 선물하고 싶었어요. 얼굴 모르는 이가 함께 고민하고, 응원하고 있어요!

위기은 Blog @kieun333

작가의 말 • 전지적 아아

 지난해 뒤늦게 MBTI 검사를 전문가에게 받았습니다. 검사 전까지 타인의 고민과 아픔에 반응을 잘 하는 사람이라 생각했는데, 검사 결과는 그렇지 않았습니다. 예민하게 다른 사람의 문제에 반응은 하지만 공감하지 못하는 사람이었습니다. 이전부터 타인의 문제에 깊이 공감을 하는 '나'와 타인의 고민과 아픔에 이해는 할 수 있어도 절대 공감은 할 수 없다는 '나' 사이에 괴리가 있었는데, 어느 정도 해소되었습니다. 나는 예민하지만 공감하지 못하는 것을 빠르게 인정한 사람이었습니다. 그리고 여전히 타인의 문제에는 공감하지 못한다는 생각을 버리지 않았습니다. 단지 우리가 겪는 일은 다르지만 비슷하기 때문에 그 해결도 같이 이야기해 볼 수 있지 않을까 추측할 뿐입니다. 그저 나와 비슷한 고민을 하는 사람에게 내가 겪은 일을 이야기할 뿐이고, 전혀 겪어보지 못한 일이 고민인 사람에게는 비슷하다고 생각되는 내 이야기를 같이 나눌 뿐입니다. 인간은 외롭지만, 이렇게라도 나누기에 은은한 온기가 우리를 감싼다는 생각이 듭니다.

전지적 아아 Blog @nonennom

작가의 말 • 진선이

고민 없이 사는 사람이 있을까요. 아마 한 가지 이상의 고민은 누구나 있을 듯합니다. 나 또한 그렇습니다. 누군가에게 고민을 말하고 싶은데 말을 꺼내기가 쑥스럽고 왠지 모르게 꺼내기 전에 책망 들을까 봐 속으로 끙끙 앓다 결국 속앓이로 끝날 때가 많습니다. 타인에게는 고민이 아닐 수 있는 것이 본인에게는 큰 고민일 수 있습니다. 아주 사소한 고민일지라도 고민을 털어놓는 것만으로도 조금은 마음의 짐을 덜 수 있습니다. 어쩜 고민을 내놓는 순간 고민이 반으로 사라진 지도 모릅니다. '백지장도 맞들면 낫다.'처럼 말입니다. 봄 햇볕이 언 땅을 녹여 단단한 흙을 부드럽게 만들듯 고민으로 얼어붙어 있는 당신의 마음에 따뜻함이 가닿기를 바랍니다.

작가의 말 • 차혜선

 처음에 고민 상담 관련 글을 신청할 때만 해도 그저 좋기만 했습니다. 다양한 사람의 고민이 궁금했고, 누군가에게 조금은 도움이 되는 글을 쓸 수 있다면 좋겠다는 막연한 기대가 있었어요. 글로 여러 사람의 답을 들으며 통찰력과 삶의 조언도 얻고자 했고요. 기대와 설렘이 가득했습니다. 그런데 고민을 보며 평소에 생각지 않았던 고민이 많아 오히려 고민에 빠졌습니다. 그래서 그저 내가 지나온 삶을 보태지도 않고 딱 그 정도로 쓰고자 했어요. 그러다 보니, 그 어느 때보다 힘든 글쓰기였어요. 책을 낼 때도 몇 번을 망설였어요. 그럼에도 이렇게 한 스푼을 보태봅니다. 누군가에게는 나만 이런 고민을 하지 않을까 하는 막막함에 공감해 주고 위로해 주고 싶은 마음입니다. 그저 같은 사람이 여기저기 있다고 말해주고 싶습니다. 서로에게 조그만 위로가 되어주길 바라봅니다.

작가의 말 • 최은수

 문제 삼아서 문제가 되는 것처럼. 고민도, 고민하기 때문에 고민이라고 생각해요. 나아가, 근본적으로 우리가 인간이기에 고민하는 것이라 생각해요. 인류는 언제나 진화와 발전을 거듭해 왔으니까요. 고민이라는 행위를 단적으로 보자면, 문제점을 파악하고 해결하려는 성장의 열망이 내포되어 있다고 생각해요. 고민 때문에 고통을 받는 여러분들은 성장통을 잠시 겪고 있는 것이지요. 성인이 되는 과정에서 성장통이 있듯이, 고민도 더욱 멋진 사람으로 발전하는 과정에서 겪는 통증이라고 생각해요. 따뜻한 글들이 여러분들의 아픔을 감싸안아 줄 보약이 되었으면 좋겠네요. 마지막으로, 고민이 해소되고 더욱 더 멋진 사람으로 거듭나게 되었을 때 주변의 고민을 들어주면 좋겠어요.

최은수 Blog @xeunxux

작가의 말 • 한부용

 사람마다 고민의 크기는 다르겠지만, 고민이 있다는 것은 지금보다 나은 삶을 살기 위함이라고 생각해요. 지금도 충분하게 행복한 삶을 살고 있지만, 내일 더 행복한 삶을 만나기 위한 고민, 우리 함께 이야기 나눠보아요.

| 옆자리 사람인데요, 고민이 있어요
| 닫는 글

　〈고민 상담소〉가 열리자 고민이 쌓이기 시작했습니다. 그저 가벼운 고민을 주고받을 것으로 생각했던 시간인데, 의외로 답변하기 어려운 고민이 펼쳐졌고, 우리는 고민에 빠졌습니다.

　"과연 내가 답변할 수 있을까?"

　삶은 언제나 어떤 방향으로 튈지 알 수 없어 두렵기도 하고 설레기도 합니다. 원하는 대로 살 수 있다면 좋겠지만, 그러지 않은 날도 많습니다. 행복하다가도 때때로 많은 장애물들이 앞에 놓입니다. 고민이라는 것도 그랬습니다. 행복한 고민만 하고 살지 못할 거예요. 그리고 주변 사람들의 고민이 꼭 나와 같지 않을 거고요.

　〈고민 상담소〉에 도착한 고민을 보면서 모른 척 외면하고 싶었던 이야기도 있었고, 경험이 없어 도저히 아무런 답변을 할 수 없던 이야기도 있었습니다. 내 문제 같기도 했고, 내 일이 아니길 바라기도 했고요. 그래서 더 어려웠을지 모릅니다. '나라면 어땠을까.' 나를 되돌아보는 시간이었지요. 그러다 보니, 명확한 답을 하는 것보다 공감의 말을 건네는 것에 의미를 두었습니다. 마치 나에게 하는 말처럼, 그리고 내 일처럼 걱정하며, 스스로를 다독이며 한 달의 시간을 보냈습니다. 그랬더니 점차 마음이 단단해졌습니다. 어떤 고민에 같이 공감하는 것만으로 내 마음엔 많은 위로가 쌓였고, 힘들 때 내가 누군가에게 했던 말들을 꺼내 나에게 들려줄 것입니다.

 책을 읽은 분들도 우리와 같은 마음이길 바랍니다.

글_썽, 나리, 박현경, 오영주, 원인, 위기은
전지적 아아, 진선이, 차혜선, 최은수, 한부용

옆자리 사람인데요,

고민이 있어요.

내 이야기 들어줄래요?

옆자리 사람인데요, 고민이 있어요

1판 1쇄 발행 | 2024년 5월 1일

지은이 | 글_썸, 나리, 박현경, 오영주, 원인, 위기은
　　　　전지적 아아, 진선이, 차혜선, 최은수, 한부용

편집.디자인 | 새벽감성
발행인 | 김지선
펴낸 곳 | 새벽감성, 새벽감성1집

출판등록 | 2016년 12월 23일 제2016-000098호
주소 | 서울 양천구 월정로50길 16-8, 1층 새벽감성1집
이메일 | dawnsense@naver.com
블로그 | blog.naver.com/dawnsense
인스타그램 | @dawnsense_1.zip

*책값은 표지에 있습니다.
*잘못된 책은 구입처에서 교환해 드립니다.
*이 책의 사진과 글의 전부 또는 일부를 발췌하거나 인용하려면
　반드시 새벽감성 출판사의 동의를 얻어야 합니다.